인물퀴즈/지명,물건찾기/순서대로/
숫자찾기/단어찾기/빈칸채우기/줄긋기

맞다, 맞아!
성경말씀

정춘석 목사 지음

문서사역
|종|려|가|지|

머|리|말

성경은 하나님께서 우리에게 주신 선물 중 하나이다.
이 선물 속에서 수많은 인물들을 만나게 된다.
그들을 통하여 예수님께 나아가는 길을 배울 수 있다는 것은
성경을 읽는 우리에게 너무나 큰 행운이 아닐 수 없다.
그들은 실수와 좌절을 겪으면서도 하나님의 은혜로 인하여
승리를 거두었고,
그들은 자신만의 성격과 재능을 가지고 있음에도 불구하고,
실패와 고난을 겪게 된다. 결국에는 하나님께 쓰임을 받게 되고,
우리에게 교훈을 가져 다 주고 있다.
믿음의 선배들이 살았던 시대를 말씀으로 찾아가 봄으로
오늘의 우리의 삶을
새롭게 보고 주께로 더 가까이 나아가고자 한다.

거리두기가 대세를 이루고 비대면 성경공부가 요구되는 이때에
성경인물을 만나며,
사도행전 29장 이후를 기록할 인물로 당당히 주 앞에 서기를
바라는 마음이다.
이 책을 위해 끊임없이 땀 흘리며 수고하신 한치호 목사님과
기도로 함께한 친구교회 교우들, 그리고 복음의 동역자 아들 요한과
좋은 기도동지로 동행하는 아내에게 진심으로 감사를 드린다.

2020년 6월
수명산 아래 친구교회에서
정춘석 목사

예수님이 좋아요!!
私はイエスがわかりました
I ♥ Jesus.
我爱耶稣
Amo a Jesús

인물 퀴즈

인물 퀴즈(1명)

1. □□

나의 고향은 베들레헴입니다.
나는 이새의 여덟 번째 아들로 태어났습니다.
나는 골리앗을 쳐 죽였습니다.
나는 밧세바를 범함으로 나단 선지자에게 책망을 받았습니다.
나는 이스라엘의 두 번째 왕입니다.

2. □□

나는 처음으로 태어난 사람입니다.
나는 농사를 짓던 자입니다.
나는 에덴 동편 놋 땅으로 가서 에녹 성읍을 건설하였습니다.
나는 아담과 하와의 장자입니다.
나는 동생 아벨을 죽인 자입니다.

3. □□□

나는 사두개인입니다.
나의 본명은 요셉입니다.
나는 A.D. 18-36까지 18년간 대제사장 직에 재직하였습니다.
나는 대제사장 안나스의 사위이자 후계자입니다.
나는 산헤드린 회의에서 공개적으로 예수의 유죄를 선언하였습니다.

4. □□

나는 가나안 열 둘 정탐꾼 중 하나입니다.

나의 아버지는 여분네이며, 나의 아들은 악사입니다.

나는 믿음으로 정탐을 보고한 자 중 하나입니다.

나는 하나님을 온전히 좇았습니다.

나는 85세에 여호수아에게 모세 때 약속한 땅을 달라 하여 받았습니다.

5. □□

나는 예수님의 열두 제자 중 하나입니다.

나는 가룟이라는 지방 사람입니다.

나는 제자들의 돈궤를 맡아 회계를 본 자입니다.

나는 예수를 배반한 자입니다.

나는 받은 돈을 갖다주고 자살하였습니다.

6. □□

나는 가말리엘의 문하생입니다.

나는 바리새인 중의 바리새인입니다.

나는 다메섹으로 가는 도중에 하나님의 음성을 들었습니다.

나는 이방인을 위하여 택함을 받은 사도입니다.

나의 유대식 이름은 사울입니다.

7. □□□

나는 예수의 동생입니다.
나의 생애 초기에는 예수를 메시야로
인정하지 않았습니다.
나는 예루살렘 교회의 기둥이었습니다.
나는 예루살렘 회의를 관장하였습니다.
나의 이름으로 된 성경이 있습니다.

8. □□

나는 베냐민 지파 게라의 아들입니다.
나는 초대 사사 중의 한 사람입니다.
나는 에브라임 산지에서 군대를 소집하였습니다.
사사 후 80년 동안 자유와 평화가 있었습니다.
나는 왼손잡이입니다.

9. □□

나를 의로운 사람이라고 불러 주었습니다.
나는 나사렛에서 목수의 일을 하였습니다.
나의 아내는 마리아입니다.
나는 꿈에 보여준 계시대로 애굽으로 피난간 적이 있습니다.
나는 예수의 양부입니다.

10. □□□□

나는 베냐민 땅 아나돗에서 태어났습니다.
나는 제사장 힐기야의 아들로 일생동안 결혼하지 않았습니다.
나는 요시야 왕 때부터 시드기야 왕 때까지 40년간 사역하였습니다.
나는 여러 가지 표적을 사용하여 하나님의 말씀을 가르쳤습니다.
나를 눈물의 선지자라고 부릅니다.

11. □□

나는 바울의 최후 동역자입니다.
나는 안디옥 출신의 의사입니다.
나는 두 권의 성경책을 썼습니다.
그 한 권이 사도행전입니다.
또 한 권은 누가복음입니다.

12. □□

나는 에녹의 증손이며 라멕의 아들입니다.
나는 세 아들을 가지고 있습니다.
나를 당대의 의인이라고 불렀습니다.
나는 하나님께서 명한대로 다 준행했습니다.
나는 방주를 지었습니다.

13. □□□

나는 오브라에 있던 므낫세 족속

요아스의 아들입니다.

나는 이스라엘의 다섯 번째 사사였습니다.

나는 71명의 아들을 두었습니다.

나를 여룹바알 이라고도 불렀습니다.

나는 300명의 군사와 함께 미디안을 쳐부수었습니다.

14. □□

나는 다윗과 솔로몬 시대의 선지자입니다.

나는 다윗의 궁중 고문이었습니다.

아도니야의 반역 음모를 폭로하여 솔로몬의 왕위 계승을 도왔습니다.

나는 사봇과 아사리아의 아비입니다.

나는 다윗에게 우리야의 아내, 밧세바를 취한 잘못을 책망하였습니다.

15. □□□

나는 로마의 군대장교입니다.

나는 이달리야 군대의 백부장입니다.

나의 구제와 기도가 하나님께 상달되었다고 천사를 통하여 들었습니다.

나는 최초로 세례 받은 이방인입니다.

나는 베드로를 초청하여 말씀을 듣고 세례를 받았습니다.

16. □□

나는 디블라임의 딸입니다.

나를 음란한 여인이라고들 합니다.

나는 세 아이를 낳고 여호와께로부터
 상징적인 뜻의 이름을 받았습니다.

나의 남편은 사랑의 선지자라고 불리웁니다.

나는 호세아 선지자의 아내입니다.

17. □□

나는 예수님의 열두 제자 중 하나입니다.

나는 디두모라고도 불리우는 자입니다.

나는 예수의 부활을 의심했던 자입니다.

나는 다시 나타나신 예수의 손과 옆구리를 만져 보았습니다.

나는 예수께 '나의 주시며 나의 하나님이시니이다.'고 고백하였습니다.

18. □□

나는 브올의 아들입니다.

나는 모압왕 발락의 부탁을 받은 자입니다.

하나님과 세상 사이에 두 마음을 품었습니다.

나는 발락에게 가는 도중에 여호와의 사자를 만났습니다.

나는 나귀의 입을 통해 경고를 받았습니다.

19. □□□

나는 야곱의 아들 중 하나입니다.

나는 열 두 번째 아들입니다.

나의 모친은 라헬입니다.

나의 처음 이름은 베노니라고 불렀습니다.

나의 형은 요셉입니다.

20. □□

나는 로마 시민권을 소유한 자입니다.

나는 실루아노라는 로마식 이름도 있습니다.

나는 바울과 전도 여행을 함께 한 자입니다.

나는 베드로의 말을 받아쓴 대필기자며 메시지 배달자로 봉사하였습니다.

나는 예루살렘 교회의 지도자로 사역을 하였습니다.

21. □□

나는 처음에 여자, 사람이라고 불리웠습니다.

나는 최초의 여자입니다.

나는 가인, 아벨, 셋의 어머니입니다.

나는 인류 최초의 타락자입니다.

나는 아담의 아내입니다.

22. □□□
나는 유다의 제7대 임금입니다.
나는 여호사밧의 아들입니다.
나는 아합과 이세벨의 딸인 아달랴와 혼인을 하였습니다.
나는 32세에 즉위하여 8년간 통치를 하였습니다.
나는 죽은 후에도 고약한 병 때문에 왕실 묘지에 묻히지 못하였습니다.

23. □□□□
나는 제사장 가문의 출신입니다.
나의 남편도 제사장이며 이름은 사가랴입니다.
천사가 나이 많은 나에게 수태를 예고해 주었습니다.
나의 남편은 아들을 낳을 때까지 벙어리로 지냈습니다.
나의 아들의 이름은 세례 요한입니다.

24. □□
나는 이다말의 자손입니다.
나는 시로의 제사장입니다.
나의 두 아들은 제사장으로 사역한 홉니와 비느하스입니다.
나는 사무엘을 후계자로 교육하였습니다.
나는 언약궤와 두 아들의 죽음의 소식을 듣고 목이 부러져 죽었습니다.

25. □□□

나는 바벨론에서 출생한 유대인으로 행정관입니다.

나는 포로 후기의 탁월한 유대 지도자였습니다.

나는 성경을 정경으로 인정하는 유대 교회당의 창설자입니다.

나는 출발을 위한 마지막 준비로 금식과 회개와 스스로 겸비하였습니다.

나는 모세의 율법에 통달한 서기관입니다.

26. □□

나는 어머니의 사랑을 더 받은 자입니다.

나는 쌍둥이로 태어났습니다.

나는 팥죽으로 장자의 명분을 산 자입니다.

나는 12지파의 직계 조상인 족장이었습니다.

나는 이스라엘이라는 이름을 받았습니다.

27. □□

나는 아담의 7대손입니다.

나의 아버지는 야렛입니다.

나는 하나님과 동행한 자입니다.

나는 365년의 생을 살았습니다.

나는 죽음을 보지 않고 하늘로 옮기워졌습니다.

28. □□

나는 아셀 지파 사람입니다.

나는 바누엘의 딸입니다.

나는 결혼 7년만에 남편이 죽었고, 그 후 84년간 성전에서 봉사하였습니다.

나는 그리스도를 기다리며 금식과 기도로 헌신하였습니다.

나는 마리아와 함께 예루살렘 성전에 오신 예수를 뵈었습니다.

29. □□□

나는 다윗의 세 번째 아들입니다.

나는 이스라엘 중에 미남자라고 불리웠습니다.

나는 누이 다말이 암논에게 강간당함을 알고 그를 죽였습니다.

나는 아버지에 대하여 반란을 일으켰습니다.

나는 긴 머리로 인하여 전쟁 중에 죽임을 당하였습니다.

30. □□□□

나는 마온 사람 나발의 아내였습니다.

나는 총명하고 용모가 아름다운 여인이었습니다.

나는 남편의 거절과 경솔함을 알고 예물을 다윗에게 가지고가 사죄하였습니다.

나는 다윗의 아내가 되었습니다.

나는 다윗의 아들 다니엘을 낳았습니다.

31. □□□

나는 가드에 거주했던 거인들의 후손인 르바임 족속의 후예입니다.

나는 키가 6규빗 한 뼘입니다.

내가 가지고 있던 갑옷의 무게는 놋 5천 세겔이며,

창날은 철 6백 세겔이었습니다.

나는 블레셋 사람들을 에베스 담밈에 집결시켰습니다.

나는 다윗에게 물맷돌로 맞아 죽은 자입니다.

32. □□□

나는 이방태생의 헬라파 유대인입니다.

나는 초대교회 일곱 집사 중 하나입니다.

나의 얼굴이 천사의 얼굴 같았습니다.

나는 돌에 맞아 순교를 당하였습니다.

나는 '이 죄를 저들에게 돌리지 마옵소서.' 라고

하고 잔 자입니다

33. □□□

나는 갈릴리에서 예수를 좇아 섬기던 여인입니다.

나의 남편은 세베대입니다.

나의 두 아들은 예수의 제자들로 야고보와 요한입니다.

십자가에 달리신 예수를 눈물로써 지켜보았습니다.

나는 부활하신 예수를 제자들에게 전했습니다.

34. □□

나는 단 지파의 사사입니다.

나는 마노아의 아들로 나실인이었습니다.

나는 사자를 손으로 잡은 자입니다.

나는 나귀턱 뼈로 일 천 명을 죽인 힘이 센 사사입니다.

나는 들릴라의 꾀임에 빠져 두 눈이 뽑혔습니다.

35. □□□□

나는 겐그리아 교회의 여자 일꾼입니다.

나는 바울의 전도 여행 중 물질적인 원조와 도움을 준 자입니다.

나는 바울의 서신을 로마인에게 전달한 자입니다.

나를 바울은 보호자라고 일컬어 주었습니다.

나는 바울이 로마에 있는 성도들에게 소개하는 첫 번째 사람이었습니다.

36. □□□

나의 본명은 시몬 또는 시므온입니다.

나는 예수의 열두 제자 중 하나입니다.

나는 요한의 아들이며 안드레의 형제입니다.

나는 예수의 명에 따라 물위를 걸은 적도 있습니다.

나는 요한과 함께 성전 미문에 있는 앉은뱅이를 나사렛 예수 이름으로 고쳐 주었습니다.

37. □□□

나는 베들레헴의 부유한 농가의 출신입니다.
나는 나오미의 남편 엘리멜렉의 친족입니다.
나는 다윗의 증조부가 됩니다.
나는 룻을 위하여 추수꾼들에게 이삭을 조금씩 떨어뜨리라고 일러주었습니다.
나는 룻과 결혼을 하였습니다.

38. □□□

나는 베냐민 지파 아비하일의 딸입니다.
나는 일찍이 부모님을 여의었습니다.
나는 사촌인 모르드개의 양녀로 자랐습니다.
나는 아하수에로와의 왕비가 되었습니다.
나는 죽으면 죽으리라고 결심하고 왕 앞에 나간 자입니다.

39. □□

나는 가드헤벨의 출신입니다.
나는 아밋대의 아들입니다.
나는 박넝쿨로 인하여 죽기를 원했던 자입니다.
나는 니느웨로 가라는 하나님의 말씀에도 불구하고 다시스로 도망가던 선지자였습니다.
나는 큰 물고기 뱃속에서 3일간을 지냈습니다.

40. □

나를 동방의 의인이라고 불렀습니다.

나는 자녀가 열이나 되었으나 한 날에 모두 죽었습니다.

나의 아내는 나에게 하나님을 저주하고 죽으라 했습니다.

나의 친구 세 사람이 나에게 와 위로를 한다고 했습니다.

나는 고난을 받았으나 후에 복으로 갚음을 받았습니다.

41. □□

나는 세베대와 살로메의 아들입니다.

나의 형제 야고보도 예수의 제자입니다.

예수는 우리 형제에게 우레의 아들이라는 별명을 주셨습니다.

나는 성경을 다섯 권 썼습니다.

나는 밧모섬에 유배당하기도 했습니다.

42. □□□

나는 두로왕 엣바알의 딸입니다.

나는 두로의 바알 아스탈트의 신당 여선지였습니다.

나는 이스라엘 왕 아합의 아내가 되었습니다.

나는 여호와의 선지자들을 몰살하려는 계획을 세우기도 했습니다.

나는 갈멜산에서 엘리야가 승리했다는 소식을 듣고 그를 죽이겠다고 경고하였습니다.

43. □□□□
나의 아버지는 유다 왕 아하스입니다.
나는 13대 유다 왕입니다.
나는 29년간 통치를 하였습니다.
나는 바벨론 사자들에게 모든 나라의 보물을 주었습니다.
나는 병으로 죽게 되었을 때 기도로서 생명을 15년간 연장받았습니다.

44. □□□

나는 욥바 출신입니다.
나는 다비다라고도 불리웁니다.
나는 구제와 선행에 열심을 다한 자입니다.
나는 가난한 자를 위하여 옷을 만들어 주었습니다.
나는 죽었다가 베드로에 의해 다시 살았습니다.

45. □□
나는 고핫의 손자입니다.
나는 모세에게 불만을 품고 그에게 대항한 자입니다.
나는 성막에서 봉사를 하였습니다.
나는 다단과 온과 아비람과 총회의 250명과 백성을 선동하였습니다.
나와 다단과 아비람은 땅의 갈라진 틈에 빠지고 250 명은 불사름을 당하였습니다.

46. □□□□

나는 예수가 살던 시대의 바리새인입니다.
나는 산헤드린 공회의 의원입니다.
나는 밤중에 예수를 찾아간 사람입니다.
나는 예수의 거듭나라는 말씀에 대하여 다시 물은 자입니다.
나는 예수를 위하여 몰약과 침향 섞은 것을 백근 쯤 가지고 간 자입니다.

47. □□

나는 유다의 장자 엘의 아내입니다.
나는 오난이 형의 자손을 잇는 의무를 행치 않아 모욕과 슬픔을 당했습니다.
나는 시부와 동침을 하였습니다.
나는 시부에게 약조물을 받아내었습니다.
나는 쌍둥이 베레스와 세라를 낳았습니다.

48. □□□□

나는 하가랴의 아들입니다.
나는 아닥사스다 1세의 술관원입니다.
나는 유다의 총독이었습니다.
나는 예루살렘 성벽 중수를 위하여 수고를 하였습니다.
나는 산발랏과 도비야의 조롱에도 불구하고 52일만에 성벽을 완성하여 봉헌하였습니다.

49. □□□

나는 왕족이며 귀족입니다.

나는 대선지자 중 한 사람입니다.

나는 꿈을 해몽한 사람입니다.

나의 친구는 사드락과 메삭과 아벳느고가 있습니다.

나는 사자굴속에서 살아났습니다.

50. □□□

나는 랍비돗의 아내입니다.

나는 국모로서 추앙을 받았습니다.

나는 바락에게 충고하여 이스라엘의 불신앙을 회복시켰습니다.

나는 바락과 함께 시를 지었습니다.

나는 여 사사입니다.

51. □□□

나는 A.D. 26-36년경 유대, 사마리아, 이두매를 다스린 제 5대 로마 총독입니다.

나는 디베료 황제에 의해 총독으로 임명되었습니다.

나는 예수의 무죄함을 알고 있었습니다.

나는 세 번씩이나 예수를 놓으려 했으나 군중들이 두려워 십자가에 못 박도록 명했습니다.

사람들은 사도신경을 외울 때마다 예수님이 나에게 고난을 받았다고 합니다.

52. □□

나는 아브라함의 이복 누이 동생입니다.

나의 여종 하갈을 인하여 어려움을 당하기도 했습니다.

나는 구십세에 열국의 어미가 되라는 하나님의 약속을 받았습니다.

나는 이삭의 어머니입니다.

나는 아브라함의 아내입니다.

53. □□

나는 베냐민 지파의 후손입니다.

나는 기스의 아들이며 넬의 조카입니다.

나는 왕정 시대의 최초의 왕입니다.

나는 다윗을 9번이나 죽이려고 하였으나 실패하였습니다.

나는 죽은 사무엘을 만나기도 했지만 결국 자결하고 말았습니다.

54. □□□

나는 주의 영을 시험하다 죽은 여자입니다.

나와 남편은 소유를 팔아 일부를 감추었습니다.

나는 베드로의 발 앞에 엎드러져 죽었습니다.

나는 남편이 죽은 후 세 시간 동안 남편이
죽은 줄 몰랐습니다.

나의 남편은 아나니아입니다.

55. □□□□

나는 요시야의 셋째 아들입니다.

나는 조카 여호야긴에게 왕위를 계승하였습니다.

나에게 예레미야가 경고했지만 그를 감금하였습니다.

나는 눈이 뽑히고, 결박당하여 바벨론으로 끌려갔습니다.

나는 유다의 마지막 왕입니다.

56. □□

나는 양치는 목자입니다.

나는 아담과 하와의 둘째 아들입니다.

나는 가인의 동생입니다.

하나님께서 나의 제물을 열납하셨습니다.

나는 형에게 죽임을 당한 자입니다.

57. □□□

나는 학문의 도시 알렉산드리아 출신의 유대인입니다.

나는 구약에 정통한 변증가입니다.

나는 성령의 세례를 모르고 요한의 세례만 알았습니다.

나는 에베소에서 브리스길라와 아굴라를 만나 하나님의 도를 자세히 배웠습니다.

58. □□

나는 이스라엘의 7대 왕입니다.

나는 오므리의 아들입니다.

나는 이스르엘 사람 나봇의 포도원을 탐하나 얻지 못하였습니다.

나는 회개하므로 재앙이 아들 대로 미루어졌습니다.

나는 이세벨의 남편입니다.

59. □□□

나는 잇사갈 지파 사밧의 아들입니다.

나는 이스라엘의 선지자로 소 열두 겨리로 밭을 갈며 살던 농부였습니다.

나는 수넴 여인의 죽은 아들을 소생시켰습니다.

나는 나아만의 문둥병을 고친 자입니다.

나는 스승 엘리야를 따라 다녀 갑절의 영감을 받았습니다.

60. □□□

나의 어머니는 아히노암입니다.

나에게 두 형제와 두 자매가 있었습니다.

나는 사울왕의 장남입니다.

나는 다윗을 사랑하는 그의 친구입니다.

나는 길보아 산에서 블레셋과 싸우다가 전사하였습니다.

61. □□□

나는 야곱의 열 번째 아들입니다.
나의 세 아들인 세렛, 엘론, 얄르엘의 후손들이 지파를 이루었습니다.
나는 레아의 여섯 번째 아들입니다.
나는 나사렛을 비롯한 갈릴리의 낮은 지역에 위치한 땅을 분깃으로 받았습니다.
나의 지파 출신으로는 사사 엘론과 선지자 요나가 있습니다.

62. □□□

나는 선지자 나단으로부터 여디디야라는 이름을 받았습니다.
나는 다윗 왕의 열 번째 아들이며, 밧세바의 두 번째 아들입니다.
나는 이스라엘의 3대 왕입니다.
나는 하나님의 성전을 지었습니다.
나는 지혜를 구한 왕이기도 합니다.

63. □□□□

나는 아비야의 반열의 제사장의 아들입니다.
나는 광야에서 메뚜기와 석청을 먹고 살았습니다.
사람들이 나에게 나아올 때 나는 그들에게 독사의 자식이라고 했습니다.
나는 예수님께 세례를 베푼 자입니다.
나는 헤롯의 생일 잔치 때 목베임을 당하여 순교한 자입니다.

64. □□□

나의 아버지는 고핫의 후손 엘가나입니다.

나의 어머니는 나를 기도로 얻은 아들이라 하여 하나님께 바치었습니다.

나는 어렸을 때 하나님의 음성을 들은 자입니다.

나는 사울과 다윗에게 왕으로 기름을 부은 자입니다.

나는 미스바에 백성을 모으고 금식하며 기도하였습니다.

65. □□□

아므람과 요게벳의 딸입니다.

나는 모세와 아론의 누이입니다.

나는 이스라엘의 위대한 지도자 겸 여선지로서 칭송을 받았습니다.

나는 시를 지어 홍해의 기적을 이루신 하나님을 찬양했습니다.

나는 모세의 권위에 도전한 벌로 문둥병에 걸렸습니다.

66. □□□

나는 아히도벨의 아들인 엘리암의 딸입니다.

나는 목욕하는 모습을 왕에게 보인 자입니다.

나는 헷사람 우리아의 아내였습니다.

나는 다윗의 아내로 솔로몬과 시므아와
소밥과 나단의 어머니입니다.

나는 예수의 족보에 오른 여자입니다.

67. □□□

나는 구브로 섬 출신인 레위인입니다.

나의 본명은 요셉입니다.

나는 나의 땅을 팔아 교회에 내어 놓은 자입니다.

나는 다소에 가서 바울을 데리고 온 자입니다.

나는 바울과 함께 전도여행을 떠난 자입니다.

68. □□

나는 베냐민 지파 사람입니다.

나는 길리기아의 다소에서 출생하였으며 로마 시민입니다.

나는 다메섹으로 가는 도중에 주의 음성을 들었습니다.

나는 바나바와 실라와 전도여행을 하였습니다.

나는 신약성경의 여러 책을 기록하였습니다.

69. □□

나는 살몬의 아내입니다.

나는 보아스의 어머니입니다.

나는 여리고성에 살던 기생입니다.

나는 여리고성이 함락되었을 때, 오직 나와 나의 가족들만 살아남았습니다.

나는 정탐꾼들을 보호해 주고 도피시켰습니다.

70. □□

나는 레아의 소생인 야곱의 딸입니다.

나는 장막을 몰래 빠져 나와 세겜 성의
소녀들을 보러 갔었습니다.

나는 하몰의 아들인 그 땅 추장 세겜에게 강간을 당하였습니다.

나는 시므온과 레위의 누이입니다.

나로 인하여 시므온과 레위가 세겜성의 모든 남자를 죽이고
약탈을 하여 큰 죄를 지었습니다.

71. □□

나는 브두엘의 아들입니다.

나는 리브가의 오라비이며 이삭의 처남입니다.

나는 야곱의 외삼촌이자 장인입니다.

나의 태도의 변화로 야곱과 그 가족이 야반도주하였습니다.

야곱은 나의 집에서 20년간을 일하였습니다.

72. □□□

나는 루스드라에서 자랐습니다.

나의 어머니는 유대인 유니게이며, 외할머니는 로이스입니다.

나는 어려서부터 성경을 알았습니다.

나는 바울로부터 서신 두 편을 받았습니다.

바울은 나를 신실한 아들, 믿음 안에서 참 아들이라고 하였습니다.

73. □□□□

나는 갈대아 우르 출신입니다.

나는 사촌 여동생 사래와 결혼을 하였습니다.

나는 하나님으로부터 큰 민족을 이룬다는 약속을 받았습니다.

나는 100세에 아들 이삭을 보았습니다.

나를 믿음의 조상이라고 말합니다.

74. □□□□

나는 기드온의 아들입니다.

나의 모친은 세겜의 권세 있는 가나안인의 딸입니다.

나는 형제 70인을 죽였으나 막내 요담은 피신하였습니다.

나는 요담의 예언대로 3년만에 배반을 당하였습니다.

나는 한 여인이 던지는 맷돌에 맞아 머리가 깨어졌습니다.

75. □□

나는 이삭과 리브가가 낳은 쌍둥이 중 맏아들입니다.

나는 사냥꾼입니다.

나는 에돔 족속의 조상입니다.

나는 털이 많은 자입니다.

나는 야곱에게 팥죽 한 그릇에 장자의 명분을
판 자입니다.

76. □□□

나는 사독 자손 제사장 부시의 아들입니다.

나는 바벨론 초기의 대 예언자입니다.

나는 갈대아 땅 그발 강가에서 계시를 받았습니다.

나는 마른 뼈의 환상을 보았습니다.

나는 좌편으로 누워 390일, 우편으로 누워 40일을 지냈습니다.

77. □□□□

나는 요셉의 둘째 아들입니다.

나의 모친은 온의 제사장 보디발의 딸인 아스나임입니다.

나는 조부 야곱에게 장자의 축복을 받았습니다.

나의 후손들은 12지파 중 한 지파를 형성하였습니다.

나의 후예는 북 이스라엘의 우두머리 지파가 되었습니다.

78. □□□

나는 북 왕국 이스라엘의 최대 선지자입니다.

나는 길르앗 디벳 사람입니다.

나는 엘리사를 제자로 길러냈습니다.

나는 갈멜산에서 바알 선지자들을 이겼습니다.

나는 죽지 않고 불 말과 불 수레에 싸여
회리바람을 타고 승천하였습니다.

79. □□□□

나는 눈의 아들로 에브라임 지파에 속한 자입니다.

나는 처음에 호세아라고 불리우기도 하였습니다.

나는 가나안 땅을 정탐하도록 선택받은 12 명 중의 한 사람입니다.

나는 모세의 계승자가 되었습니다.

나는 여리고성은 말씀대로 이겼으나 아이성은 내 마음대로 했다가 어려움을 당했습니다.

80. □□□

나는 미모의 여인입니다.

나는 바사의 아하수에로 왕의 왕비였습니다.

나는 왕의 청을 거절하여 왕의 분노를 샀습니다.

나는 왕후의 위에서 폐위를 당하였습니다.

나의 자리에 에스더가 올랐습니다.

81. □□□

나는 레위 가문의 딸입니다.

나는 조카 아므람과 결혼을 하였습니다.

나는 아들을 낳아 석달간 숨겨 키웠습니다.

나는 나의 아들의 유모가 되었습니다.

나는 미리암과 아론과 모세의 어머니입니다.

82. □□

나는 헤롯 안티파스 2세의 둘째 아들입니다.

나는 B.C.37-A.D.4년까지 로마의 비호 아래
유다 왕으로 재위하였습니다.

나는 예수 그리스도의 출생에 불안을 느끼고 그를 죽이려고 하였습니다.

나는 2살 아래 어린아이를 몰살하였습니다.

사람들은 나를 대왕으로 불렀습니다.

83. □□□

나는 잇사갈의 21대 손이며, 브에리의 아들입니다.

나는 12 소선지자 중 한 사람입니다.

나는 하나님의 부르심과 동시에 가정을 이루라는 명령을 받았습니다.

나의 아내는 음란한 여인이었습니다.

나를 사랑의 선지자라고 부릅니다.

84. □□

나는 바사의 총리대신입니다.

나는 아각 사람 함므다다의 아들입니다.

나는 모르드개에게 경의를 거절당하였습니다.

나는 모르드개를 매달 교수대를 준비하였습니다.

나는 에스더에 의해 음모가 탄로나 열 아들과 함께 처형되었습니다.

85. □□

나는 아브라함의 처입니다.
나는 사라의 애굽 여종입니다.
나는 이스마엘의 어머니입니다.
나는 사라를 피하여 광야로 도망갔습니다.
나로 하여금 하나님께서 눈을 열어 샘을 보게 하셨습니다.

86. □□

나는 이스마엘과 배 다른 형제입니다.
나는 백 배의 복을 받은 자입니다.
나는 일곱 번이나 우물을 판 사람입니다.
나는 에서와 야곱의 아버지입니다.
나의 아버지는 아브라함이며, 어머니는 사라입니다.

87. □□□

나는 B.C.770년경에, 예루살렘에서 출생하였습니다.
나는 아모스의 아들입니다.
나의 아내도 선지자이며 두 아들이 있습니다.
나는 메시야의 동정녀 탄생을 예언한 자입니다.
나는 3년 동안 벗은 몸과 발로 행하였습니다.

88. □□□

나는 아몬 왕의 아들입니다.

나는 여고냐의 아버지입니다.

나의 모친은 여디다로서 보스갓 아다야의 딸입니다.

나는 8세에 왕위에 등극하였습니다.

나는 율법 책을 발견하고, 읽게 하여 회개하였습니다.

89. □□

나는 야곱의 11번째 아들입니다.

나는 꿈을 꾸어 형들로부터 미움을 받았습니다.

나는 형들에 의해 애굽인 보디발의 집에 팔렸습니다.

나는 애굽의 총리대신이 되었습니다.

나는 형들을 용서하고 아버지 야곱을 고센에 정착시켰습니다.

90. □□□

나는 모압 여인입니다.

나는 기룐과 결혼을 하였습니다.

룻은 나의 동서입니다.

나는 나오미의 며느리입니다.

나는 남편과 사별한 후 베들레헴을 향해 길을
떠났다가 다시 고향으로 돌아왔습니다.

91. □□□□
나는 솔로몬의 신복인 느밧의 아들입니다.
나는 북 이스라엘의 초대왕입니다.
나는 애굽 공주 아노와 결혼을 하였습니다.
나는 많은 산당을 지었고, 금 송아지를 숭배하였습니다.
나는 병으로 인하여 비참하게 죽었습니다.

92. □□

나는 레위의 증손자이며 고핫의 손자입니다.
나는 아므람과 요게벳의 아들입니다.
나는 모세의 대언자였습니다.
나는 금송아지를 만든 자였습니다.
나는 최초의 대제사장이 되어 40년 동안 직분을 행하였습니다.

93. □□
나는 예수 그리스도의 모형입니다.
나는 가인과 아벨과 셋의 아버지입니다.
나는 범죄함으로 숨어 있었습니다.
나는 하와의 남편입니다.
나는 맨 처음 사람입니다.

94. □□□□

나는 스알디엘의 형제인 브다야의 아들입니다.

나는 바벨론 때 세스바살이라는 이름이 있었습니다.

나는 유대인들을 대제사장 예수와 함께 이끌고,
예루살렘으로 돌아온 자입니다.

나는 성전을 재건한 자입니다.

나는 바사 왕 고레스에 의해 예루살렘 현지 총독으로 임명을 받았습니다.

95. □□□

나는 아비야 반열에 속한 제사장입니다.

나는 예언자이며, 제사장이었습니다.

나는 아들을 낳을 때까지 벙어리로 지냈습니다.

나는 엘리사벳의 남편입니다.

나는 세례 요한의 부친입니다.

96. □□

나는 사울 왕과 아히노암의 둘째 딸입니다.

나는 다윗의 아내입니다.

나는 메랍의 동생입니다.

나는 다윗을 구하기 위하여 부왕 사울을 속이었습니다.

나는 다윗이 옷이 벗겨진 줄 모르고 기뻐 춤추는 것을 보고
다윗을 업신여겼습니다.

97. □□

나는 레위 지파 출신입니다.

나는 아므람과 요게벳의 아들입니다.

나는 석달 동안 숨겨 지내다가 나일강에서 바로의 딸에게 발견되어 양자가 되었습니다.

나는 40에 호렙산에서 하나님의 부르심을 받았습니다.

나는 이스라엘 민족을 가나안으로 이끈 자이며 십계명을 받았습니다.

98. □□

나는 갈릴리 가버나움 근방 태생입니다.

나는 알패오의 아들입니다.

나는 예수의 제자 중 하나입니다.

나는 신약 성경의 맨 처음 책을 기록하였습니다.

나는 세리였습니다.

99. □□□□

나는 살렘의 왕이자 제사장입니다.

나는 아브라함에게 십일조를 받았습니다.

나는 믿음의 조상인 아브라함을 축복해 주었습니다.

나는 아비도 없고 어미도 없고 족보도 없습니다.

나는 하나님의 아들과 방불하여 항상 제사장으로 있습니다.

100. □□□

나는 베다니 출신입니다.
나는 예수님께 제 동생으로 하여금 나의 일을 돕게 해 달라고 부탁하였습니다.
나는 나사로의 부활을 마지막 날에 일어날 일로 한정을 지었습니다.
나의 가족으로는 마리아와 나사로가 있습니다.
나는 나사로가 썩어 냄새가 난다고 하였습니다.

101. □□□

나는 레위 사람 고핫의 자손 여로함의 아들입니다.
나는 에브라임 산지 라마다임소빔에서 살았습니다.
나는 한나와 두 아내가 있습니다.
나는 제사를 드리는 날에는 한나에게 제물의 분깃을 갑절이나 주었습니다.
나는 사무엘의 아버지입니다.

102. □□□□

나는 아론의 뒤를 이은 제사장입니다.
나는 아론의 셋째 아들입니다.
나는 이다말보다 우선되어 장자권을
얻은 자입니다.
나는 부디엘의 딸과 결혼을 하였습니다.
나는 두 형(나답과 아비후)의 죽음으로 장자권을 얻은 자입니다.

103. □□□□

나는 셋 계통의 9대손입니다.

나는 노아의 아버지입니다.

나와 같은 이름의 가인의 후손은 최초로
두 아내를 소유한 자였습니다.

나는 182세에 아들을 낳은 자입니다.

104. □□

나는 바울의 친구이자 동역자입니다.

나는 데살로니가 출신입니다.

나는 바울의 제1차 투옥 때, 함께 있으면서 복음을 증거하였습니다.

나는 바울의 2차 투옥 때, 바울을 버리고 떠났습니다.

나는 고난보다 세상을 더 사랑한 사람입니다.

105. □□□□

나는 유력한 유대교 가문 출신입니다.

나는 산헤드린의 공회원입니다.

나는 바리새파의 유명한 율법학자입니다.

나는 A.D. 25-50년 경에 예루살렘에서 지도자로 크게 활약하였습니다.

나는 사도 바울의 스승이기도 합니다.

106. □□□

나는 북왕국 이스라엘의 여호람 시대에
살았습니다.
나는 수넴 여인의 아들이 죽었을 때, 선생의 지시에 따랐습니다.
나는 나아만의 예물에 눈이 어두워 눈이 멀었습니다.
나는 나아만의 일로 문둥병자로 평생을 지냈습니다.
나는 엘리사의 사환, 종, 시종으로 불리웁니다.

107. □□

나는 고핫의 손자입니다.
나는 모세의 종형이 되기도 합니다.
나는 모세에게 불만을 품었습니다.
나는 다단과 온과 아비람, 총회의 250인과 일반 백성을 선동하였습니다.
나는 땅이 갈라진 틈에 빠져 죽었습니다.

108. □□□

나는 베들레헴의 부유한 농가 출신입니다.
나는 나오미의 남편 엘리멜렉의 친족입니다.
나는 다윗의 증조부입니다.
나는 추수꾼들에게 이삭을 조금씩 떨어뜨리라고 일렀습니다.
나는 룻을 아내로 맞이하였습니다.

109. □□

나는 사울이 전사하자 이스라엘의 중견 인사들과 헤브론에 있는 다윗을 찾아갔습니다.

나는 다윗 왕의 충성된 신하입니다.

나는 다윗의 명대로 솔로몬을 왕으로 삼았습니다.

나는 아론의 아들인 엘르아살의 자손이며, 아히둡의 아들입니다.

나는 솔로몬 시대의 유일한 제사장이었습니다.

110. □□

나는 갈릴리 벳새다 출신입니다.

나는 안드레와 나다나엘의 친구이기도 합니다.

나는 나다나엘을 주님께로 인도한 예수의 제자 중 한 사람입니다.

나는 오병이어의 기적에 앞서서 주께 시험을 받은 자입니다.

나는 예수께 하나님을 보여 달라고 한 적이 있습니다.

111. □□□

나는 압비아의 남편입니다.

나는 아킵보의 아버지입니다.

나는 에베소의 두란노서원에서 바울이 전한 복음을 듣고 구원을 받았습니다.

나로 인하여 바울은 많은 기쁨과 위로를 얻었다고 말하였습니다.

나는 오네시모의 주인입니다.

112. □□

나는 바울의 전도사역을 통하여 그리스도인이 되었습니다.

나는 제1차 예루살렘 회의에 안디옥 교회 대표로 바울과 바나바와 함께 참석하였습니다.

나는 중대한 임무를 띠고 고린도 교회에 파송되기도 하였습니다.

바울은 나를 믿음의 아들이라고 하였습니다.

내 이름으로 된 성경책 이름이 하나 있습니다.

113. □□

나는 바울의 친구이자 동역자였습니다.

나는 데살로니가에서 복음을 받아들였습니다.

나는 바울이 두 번째로 감옥에 갇히기 전까지는 바울과 함께 복음을 증거하였습니다.

나는 세상을 사랑하여 데살로니가로 간 사람입니다.

나는 고난 받는 것이 두려워 신앙의 도리를 버렸습니다.

114. □□□

나는 함의 장자인 구스의 아들입니다.

나는 최초의 제국을 건설한 영걸입니다.

나는 특이한 사냥꾼이라는 별명을 가진 자입니다.

나는 최초로 맹렬한 침략전쟁을 편 자이기도 합니다.

나는 앗수르로 진출하여 니므롯의 딸이라 일컫는 레센을 니느웨와 갈라 사이에 건설하였습니다.

115. □□□

나는 베다니 출신입니다.

나는 예수의 친구입니다.

나는 마르다와 마리아의 오빠입니다.

나로 인하여 많은 사람이 예수를 믿게 되었습니다.

나는 죽은 지 4일 만에 예수에 의해 다시 살아났습니다.

116. □□

나는 두로의 왕입니다.

나는 다윗궁을 건축할 때에 일꾼과 건축 자재를 보내었습니다.

나는 다윗 왕을 항상 존경하고 사랑하였습니다.

나는 솔로몬 왕이 성전을 건축할 때도 일꾼과 자재와 돈을 보내었습니다.

나는 솔로몬이 성의의 대가로 준 북갈릴리 20성읍에 대해 불만을 표시하였습니다.

117. □□

나는 아브라함의 첩입니다.

나는 사라의 애굽 여종입니다.

나는 이스마엘의 어머니입니다.

나는 아들과 함께 추방을 당했습니다.

하나님께서 나의 눈을 열어 샘을 보게 하셨습니다.

118. □□

나는 유다지파의 한 사람으로
베들레헴에 살던 부유한 농부입니다.
나는 보아스의 손자입니다.
나는 오벳의 아들이며, 다윗 왕의 아비입니다.
나는 여덟 아들과 두 딸이 있었습니다.
전쟁터에 나간 세 아들의 안부를 묻기 위해 다윗을 보냈습니다.

119. □□□

나는 가이사랴에 주둔했던 로마군인입니다.
나는 아구사도대의 백부장입니다.
나는 바울을 호송하여 가이사에게 심문을 받도록 하는 일을 맡았습니다.
나는 처음에 바울의 말을 무시했으나 그의 의견을 수용하고
친절하게 대하여 주었습니다.
나는 바울이 시돈의 친구 집에서, 로마에서는 감옥이 아닌
집에 거하게 했습니다.

120. □□□

나는 다윗의 군대 30인 중의 한 사람입니다.
나는 엘리암의 딸 밧세바의 남편입니다.
나는 암몬의 랍바성을 함락시키려고 출정하였습니다.
나는 다윗 왕의 편히 쉬라는 두 번의 제의를 거절하였습니다.
나는 다윗에게 아내와 목숨을 빼앗긴 사람입니다.

121. □□

나는 다윗과 솔로몬 시대의 선지자입니다.

나는 다윗의 궁중 고문이었습니다.

나는 사봇과 아시리아의 아버지입니다.

나는 사독과 함께 솔로몬에게 기름을 부었습니다.

나는 다윗에게 비유를 통하여 밧세바를 범한 것에 대하여 책망하였습니다.

122. □□□

나는 나사렛에서 살았습니다.

나의 친척으로는 세례 요한의 어머니 엘리사벳이 있습니다.

나의 남편은 요셉입니다.

나는 예수의 어머니입니다.

나는 정혼하기 전 하나님의 아들을 낳게 될 것이라는 천사의 말을 들었습니다.

123. □□□

나는 여리고 사람입니다.

나는 세리장입니다.

나는 키가 작은 사람입니다.

나는 예수를 뵈려고 뽕나무 위로 올라갔습니다.

나는 재산의 절반을 가난한 사람들에게 나누어 주겠다고 예수께 말하였습니다.

124. □□□

나는 유다 지파의 사람입니다.

나는 훌의 손자이며, 우리의 아들입니다.

나는 하나님으로부터 성막의 수석장인으로, 주조 기술자로 부름을 받았습니다.

나는 성막의 본당 뜰, 기둥, 장막 덮개, 놋 제단의 비품, 식탁, 분향단, 속죄소를 만들었습니다.

나는 모세에게 명하신 성막을 건축하는 일을 감독하였습니다.

125. □□□

나는 예루살렘의 큰 범죄자입니다.

나는 마태복음에는 유명한 죄수로, 요한복음에는 강도로 나타나 있습니다.

나는 민란에 살인하고 포박된 자들 중 하나였습니다.

나는 대제사장들의 사주에 의해 백성들이 나를 놓아주기를 원한다고 하였습니다.

나는 예수 대신 놓임을 받은 사람입니다.

126. □□□□

나는 길르앗 사람입니다.

나는 나이 많고 부한 사람입니다.

나는 다윗이 피난 당할 때, 다윗과 그 군대에게 식량과 쉴 곳을 제공하였습니다.

나는 다윗이 예루살렘으로 환궁할 때 요단 강 너머까지 다윗을 호위하였습니다.

나는 다윗 왕의 초청을 나이 많음으로 인하여 거절하고 아들 김함을 보냈습니다.

127. □□□□

나는 베냐민 사람입니다.

나는 기스의 증손이며 시므이의 손자이며 야일의 아들입니다.

나는 에스더의 사촌입니다.

나는 왕의 암살을 막았습니다.

나는 에스더에게 민족을 위하여 왕에게 나아가라 했고
그로 인하여 부림절을 제정했습니다.

128. □□□

나는 소아시아의 도시 두아디라 성 출신입니다.

나는 자색 염료의 기술자로 자주장사라 불리웠습니다.

하나님께서 나의 마음을 열어 바울의 말을 듣게 하였습니다.

나는 빌립보 교회의 설립에 교량 역할을 하였습니다.

나와 온 집이 세례를 받고 기독교로 개종하였습니다.

129. □□□□□

나는 바벨론 왕 나보포라살의 아들입니다.

나는 메대 와아의 딸 아무히야와 결혼을 하였습니다.

나는 큰 신상과 큰 나무에 관한 꿈을 꾸었습니다.

나는 다니엘의 세 친구를 풀무 불에 던지도록 명한 자입니다.

130. □□□

나는 나답을 죽이고 이스라엘의 왕이 된 자입니다.

나는 잇사갈 지파의 아히야의 아들입니다.

나는 평생동안 유다왕 아사와 전쟁을 하였습니다.

나는 디르사에서 24년간 통치를 하였습니다.

나는 여로보암의 모든 가족을 진멸하였습니다.

인물 퀴즈(2명 이상)

131. □□, □□□

우리는 나손의 누이 엘리세바의 소생입니다.

우리는 아론의 장자, 차자입니다.

우리는 제사장의 직분을 행한 자들입니다.

우리는 여호와의 명하지 아니하신 다른 불로 분향을 하다가 타 죽은 자들입니다.

우리는 금지된 지성소에 들어가려고 했으며, 술취한 상태에서 분향을 하였습니다.

132. □□, □□□□

우리는 흔히 하나님을 알지 못하는 제사장들이라고 합니다.

우리는 제사 드리기 전에 제물 중에서 생고기를 먼저 취하기도 하였습니다.

우리는 성막에서 봉사하는 여인에게 간음을 하였습니다.

우리는 여호와의 궤를 블레셋 군대에게 빼앗겼습니다.

우리는 엘리의 두 아들입니다.

133. □□□, □□□□□

우리는 부부입니다.

우리는 본도 태생 유대인과 로마 태생 명문 가문의 출신입니다.

우리는 바울의 동역자였습니다.

우리는 천막을 만드는 일을 업으로 삼았었습니다.

우리는 아볼로에게 성경을 가르쳐 주었습니다.

134. □□□□, □□

우리는 가나안을 정탐한 사람들입니다.

우리는 사십일 동안 땅을 탐지하였습니다.

우리의 보고는 다른 사람들의 보고와 달랐습니다.

우리는 가나안은 젖과 꿀이 흐르는 땅이라고 보고하였습니다.

우리는 옷을 찢으며 백성들에게 그들은 우리의 밥이라고 했습니다.

135. □□, □

우리는 아말렉과의 싸움에서 모세를 도운 자들입니다.

우리는 모세가 하나님의 지팡이를 잡고 있는 동안 옆에서 그의 팔을 잡아 주었습니다.

우리는 모세에게 돌을 가져다가 앉게 하였습니다.

우리가 모세와 함께 손을 드리고 있는 사이에 여호수아는 전쟁을 이겼습니다.

모세는 단을 쌓고 그 이름을 '여호와 닛시'라 하였습니다.

136. □□□□, □□□

우리는 부부입니다.

우리는 바나바가 그의 밭을 팔아 사도들 발 앞에 두는 것을 보았습니다.

우리도 소유를 팔았습니다.

우리는 그 값의 얼마를 감추었습니다.

우리는 성령을 속인 일로 남편과 아내가 따로따로 베드로의 발 앞에 엎드러져 죽었습니다.

137. □□□, □□, □□□□

우리는 다니엘의 친구들입니다.

우리들의 이름을 환관장이 고쳐 주었습니다.

우리가 금신상에 절하지 아니한다 하여 풀무불에 던짐을 받았습니다.

우리들은 머리털 하나도 그슬리지 아니했습니다.

우리들의 본래 이름은 하나냐, 미사엘, 아사랴입니다.

138. □□□□, □□, □□

우리는 욥의 친구들입니다.

우리는 욥에게 재앙이 임하였다는 소식을 듣고 각기 처소에서부터 이르렀습니다.

우리는 욥을 보는 순간 일제히 소리질러 울고 겉옷을 찢고 티끌을 날려 머리에 뿌렸습니다.

우리는 칠일, 칠야를 그와 함께 있었습니다.

우리는 각기 데만, 수아, 나아마 사람입니다.

139. □□, □□

우리는 빌립보에서 점하는 귀신을 만났습니다.

우리는 저자 관원들에게 끌려가 옷을 찢기고 매를 맞았습니다.

우리는 발에 착고를 찼습니다.

우리는 기도하고 찬미를 했습니다.

우리에게 간수장이 '어떻게 하여야 구원을 얻으리까?'라고 물었습니다.

140. □□□, □□

우리는 형제입니다.

우리는 갈릴리의 어부들입니다.

우리는 예수의 제자가 된 사람들입니다.

우리의 아버지는 세베대입니다.

우리의 어머니는 예수께 하나는 우편에 하나는 좌편에 앉게 해달라고 부탁을 했습니다.

141. □□□, □□□

우리는 자매입니다.

우리에게는 오빠가 있습니다.

우리는 베다니에 살았으며, 예수는 오빠와 친구였습니다.

예수께서 오셨을 때 언니는 음식을 준비하였고, 동생은 예수의 말씀을 들었습니다.

우리 오빠가 죽은 지 4일만에 예수에 의해 무덤에서 나와 다시 살아났습니다.

142. □□, □□□

우리는 정혼한 사이입니다.

천사가 여자에게 나타나 성령으로 잉태하였다고 일러주었습니다.

천사가 남자에게 나타나 네 아내 데려오기를 두려워말라 하였습니다.

우리는 다윗의 동네 베들레헴으로 호적하러 갔었습니다.

우리는 애굽으로 피난을 갔다가 돌아와 갈릴리 나사렛에서 살았습니다.

143. □□□, □
우리는 고부간입니다.
우리는 모두 과부였습니다.
며느리는 죽음이 갈라놓기 전에는 떠나지 않겠다고 했습니다.
우리는 베들레헴으로 돌아왔습니다.
며느리는 다시 결혼하여 다윗의 증조모가 되었습니다.

144. □□, □□
우리는 자매간입니다.
우리는 같은 남편의 아내들이 되었습니다.
우리는 각기 몸종들이 있었습니다.
우리의 남편은 언니보다 동생을 더 사랑했습니다.
우리는 각기 에브랏과 막벨라굴에 매장되었습니다.

145. □□, □□□
우리는 친구 사이입니다.
우리는 서로 사랑하기를 자기 목숨보다 더 사랑했습니다.
우리는 서로 언약을 맺었습니다.
한 친구는 다른 친구의 목숨을 구하려고 노력하였습니다.
한 친구는 왕이 되고 한 친구는 전사하였습니다.

146. □□, □□□
우리의 형제는 열 둘이나 됩니다.
우리는 한 어머니를 통하여 이룬 형제입니다.
우리가 서로 떨어져 있다가 만났을 때 큰 소리로 울었습니다.
형은 동생의 자루에 다른 사람보다 곡물을 다섯 배나 더 주었습니다.
형은 동생의 자루에 은잔을 넣어두기도 하였습니다.

147. □□, □□
우리는 쌍둥이입니다.
우리는 몸의 생김이 다르고 성격도 다릅니다.
형은 사냥을 좋아하고, 동생은 집안일을 좋아하였습니다.
아버지는 형을, 어머니는 동생을 더 사랑했습니다.
우리는 헤어졌다가 오랫만에 다시 만나 기쁨을 더하였습니다.

148. □□□□, □
우리는 삼촌과 조카 사이입니다.
우리는 함께 양을 치던 자들입니다.
우리는 함께 하란을 떠나 가나안에 들어갔습니다.
우리는 목자들이 서로 다투지 않기 위하여 갈라졌습니다.
우리는 각기 다른 족속의 조상들이 되었습니다.

149. □□□, □□

우리는 느헤미야가 성벽을 건축한다기에 비웃은 자들입니다.

우리는 예루살렘 성이 중수되어 간다함을 듣고 분히 여겼습니다.

우리는 예루살렘으로 가서 쳐서 요란케 하자고 꾀하기도 하였습니다.

우리는 뇌물을 주고 예언을 하도록 하였습니다.

우리는 느헤미야와 네 차례의 접촉을 시도했으나 수포로 돌아갔습니다.

150. □□, □□□

우리는 세례요한의 세례로부터 승천하실 때까지 예수와 함께 다닌 자들입니다.

우리는 가룟유다 대신 제자의 수에 들어가기 위하여 천거를 받은 사람들입니다.

우리는 봉사와 사도의 직무를 대신하기 위하여 준비되어 있었습니다.

우리는 주님의 부활을 증거한 사람들이었습니다.

우리 중 하나는 제비뽑아 뽑혔습니다.

인물 퀴즈(동명이인)

151. □□□

다윗 자손 에료에네의 아들(대상3:24)

레위 족속의 서열 23번째 족장(대상24:18)

바벨론에서 돌아온 한 가족의 선조(스2:60)

스마야의 아들(렘36:12)

므헤다벨의 아들이며 스마야의 아버지(느6:10)

152. □□□

다윗의 자손으로 여사야의 아들이며 아르난의 아버지(대상3:21)

시므온 자손 500명이 아말렉 족속을 쳐부술 때, 네 사람의 두목 중 하나(대상4:42)

돌라의 아들로 용사이며 족장(대상7:2)

사울의 후손으로 비느아의 아들이며 엘르아사의 아비(대상9:43)

느헤미야 당시 성벽 건축을 맡았던 후르의 아들(느3:9)

153. □□□□

다윗 때 성막에서 음악을 맡은 레위인(대상15:16,18)

예루살렘 성전의 문지기(렘35:4)

거짓 선지자 시드기야의 아비(렘29:21)

예루살렘 성벽 봉헌할 때 활약했던 제사장(느12:41)

에스라가 율법을 낭독할 때 해석하는 사람 중 한 사람(느8:7)

154. □□□

아브라함의 형제 나홀의 아들(창22:24)

다윗의 첩이며 그술왕 달매의 딸로 압살롬의 어미(삼하3:3)

유다 지파 갈렙의 첩(대상2:48)

므낫세 지파 마길의 아내(대상7:15)

사울왕의 조상 기브온 여이엘의 아내(대상8:29)

155. □□□

시글락에서 다윗을 도운 그데라 출신의 용사(대상12:4)

히스기야 시대에 성전에서 예물을 관리하던 레위인(대하31:13)

다윗시대에 하나님의 궤 앞에서 나팔을 분 제사장(대상15:24)

요시야 시대의 레위인의 두목(대하39:9)

에스라 시대의 레위인으로 예수아의 아들(스8:33)

156. □□□

선지자 예후의 아비(왕상16:1)

다윗왕 시대에 성전에서 찬양의 직무를 맡은 헤만의 아들(대상25:4)

에스라 시대에 임멜 자손으로 이방 아내를 내보낸 제사장(스10:20)

느헤미야에게 예루살렘 소식을 전한 느헤미야의 형제(느1:2)

성전 재건 후 성전 봉헌식 때에 다윗의 악기를 잡은 레위인(느12;35)

157. □□□□

사라의 애굽 여종 하갈이 낳은 아브라함의 아들(창16:3)

사울의 아들 요나단의 자손으로 아셀의 아들(대상8:38)

유다지파의 어른인 스바냐의 부친(대하19:11)

유다의 요아스 왕 시대의 백부장(대하23:1-3)

느다니야의 아들(왕하25:22)

158. □□

레아를 통해서 난 야곱의 넷째 아들(창29:35)

포로에서 돌아온 레위인 가문(스3:9)

요셉의 아들로 그리스도의 조상(눅3:30)

예수를 판 예수님의 제자(마10:3)

예수의 형제 중 하나(마13:55)

159. □□

레위 자손 시므이의 아들(대상6:29)

베냐민의 자손(대상8:7)

포로에서 돌아온 자손의 조상(스2:49)

므낫세 왕이 묻힌 동산의 소유주(왕하21:18)

아비나답의 아들로 법궤를 만지다가 죽은 자(삼하6:3-11)

160. □□□

베냐민 자손 베겔의 아들(대상7:8)

레위 자손 무시의 아들(대상23:23)

귀환 후 이방인 아내를 내어 보낸 엘람의 자손(스10:26)

이방인 아내를 내어보낸 바니의 자손(스10:29)

베냐민 자손의 보리아의 아들(대상8:14)

161. □□□□

다윗 시대의 제사장(대상24:12)

스룹바벨의 후손 에료에내의 아들(대상3:19-24)

귀환 후 노래하는 일을 했으며 이방 아내를 맞이한 자(스10:24)

이방인과 이혼한 삿두 자손(스10:27)

느헤미야 때 대제사장(느3:1)

162. □□□□

아브라함의 충복인 다메섹 사람(창15:2)

모세의 둘째 아들(출18:4)

시그리의 아들(대상27:16)

베겔의 아들(대상7:8)

그리스도의 선조(눅3:29)

163. □□□

사무엘의 조상(대상6:1)

다윗의 용사(대상11:26)

레위인(대상15:9)

베냐민인(대상8:1-21)

므낫세 족장(대상5:24)

164. □□□

사무엘의 부친으로 두 아내를 가진 자(삼상1:1)

레위인 고라의 아들(출6:24)

고핫 자손 앗실의 아들(대상6:23)

레위인 마핫의 아들(대상6:35)

다윗의 법궤를 둔 성막 출입구를 지키던 문지기(대상28:7)

165. □□□

유다 증손이며 에단의 아들(대상2:8)

사독의 손자(대상6:8-9)

포로 이전의 제사장(대상6:13)

아벳느고의 히브리 이름(단1:7)

히스기야 때 대제사장(대하31:10)

166. □□□

헤스론의 아내(대상2:24)

베냐민 지파의 베겔의 아들(대상7:8)

사무엘의 차자(삼상8:1-9)

여로보암 1세의 아들(왕상14:1-18)

히스기야의 모친(대하29:1)

167. □□□

제사장 사독의 할아버지(대상6:7)

솔로몬 시대의 제사장인 아사랴의 아들(대상6:10)

스바냐 선지자의 증조부(습1:1)

다윗 때 24반열의 제사장 중 하나(대상23:19)

에스라의 언약서에 인친 제사장(느10:3)

168. □□

베드로의 다른 이름(마4:18)

예수의 형제 중 하나(마13:55)

마술사(행8:9)

욥바의 피장으로서 그리스도인(행10:6)

가나안 사람인 열심당원(눅6:15)

169. □□□

베냐민 자손 시므이의 아들(대상8:19)

다윗왕 때 성물 곳간을 맡은 레위인(대상26:25)

요아스를 왕으로 옹립하는데 힘쓴 엘리사밧의 아버지(대하23:1)

아하스 왕의 아들과 신하들을 죽인 에브라임 용사(대하28:7)

아비야 족속의 족장이 된 제사장(느12:17)

170. □□□

다윗의 서기관(삼하8:17)

시드기야의 시종장(렘51:59)

사사 옷니엘의 동생(대상4:13)

시므온 자손 아시엘의 아들(대상4:35)

시드기야왕 시대의 대제사장(왕하25:18)

성경 속의 지명, 물건찾기

어디일까요?

1. □□

'갈대밭', '갈대의 마을' 이라는 의미

나다나엘의 출생지

가버나움에 사는 왕의 신하의 아들을 고쳐 주신 곳

예수님께서 최초로 기적을 베푸신 곳

물로 포도주를 만드신 곳

2. □□□□□

헬라어로 게헨나로 음역되는 곳

남쪽에 있는 깊은 골짜기

바알과 몰렉을 위해 자식들을 화장하는 예식이 있던 곳

예레미야는 살육의 골짜기라 불리울 것을 경고한 곳

요시아왕은 이 골짜기에 쓰레기를 버리는 장소로 삼았습니다.

3. □□□

'감시'의 의미

갈릴리 호수 남단과 갈멜산 사이에 위치한 성읍

요셉과 마리아의 고향

나다나엘이 이곳에서 무슨 선한 것이 날 수 있느냐 물은 곳

예수께서 자라신 곳

4. □□□

아브라함이 조카 롯을 구한 곳

아브라함의 종 엘리에셀의 출생지

다윗왕은 이곳과 전쟁을 하여 수비대를 주둔시키고 속국을 만들었습니다.

사울이 이곳에 있는 자들을 핍박하기 위하여 가다가 주님을 만남

회심 후 바울이 이곳을 방문했다가 박해를 피해 탈출하였습니다.

5. □□

'높은 곳'이라는 의미

이스라엘 장로들이 사무엘에게 그들의 왕을 선정해 줄 것을 요청한 곳입니다.

사울이 택함을 받아 기름부음을 받은 곳입니다.

다윗은 사울의 분노를 피해 사무엘과 함께 이곳에 있는 나욧으로 피신했었습니다.

사무엘의 고향이며 관저가 있었고 미장된 곳입니다.

6. □□□

'두겹의 땅'이라는 의미

아브라함의 가족들의 매장지

아브라함이 헷 사람 에브론에서 온 400세겔을 주고 산 땅입니다.

아브라함, 이삭, 야곱이 이곳에서 장사되었습니다.

사라, 리브가, 레아 등이 이곳에 장사되었습니다.

7. □□

'신들의 문'이라는 의미

유브라데스강 유역에 위치해 있습니다.

니므롯이 시날 땅에 세운 성읍입니다.

앗수르 왕의 장관들이 므낫세를 잡아 간 곳입니다.

이곳에 성을 쌓다가 언어가 혼잡해지는 결과를 가져왔습니다.

8. □□

'남은 물건'이라는 의미

계시록의 일곱 교회 중 하나가 있었습니다.

루디아의 수도로 계속 있었습니다.

스바랏에 있는 자는 남방의 성읍을 얻을 것이라고 예언되었습니다.

'살았다 하는 이름을 가졌으나 죽은 자'라는 책망을 받은 곳입니다.

9. □□

'괴롭히다'의 의미

여리고 남서쪽

가나안 영토 분할시 유다 지파의 경계선이 된 곳입니다.

느부갓네살 왕에 의해 예루살렘이 정복되자 이 곳을 유목민의 거주지로 삼았습니다.

아간과 그 가족들이 이곳에서 돌로 쳐 죽임을 당한 곳이다.

10. □□
'통로'의 의미
메소포타미아의 북부 유프라데스 강에 연이은 발리강 연안에 위치해 있습니다.
에스겔 당시 중요한 상업도시 가운데
아브라함의 부친 데라의 죽음으로 이곳을 떠나 가나안으로 갔습니다.
리브가의 가족들이 살던 곳입니다.

11. □□□□
'하나님께서 씨를 파종할 것이다'라는 의미
갈릴리 지역과 사마리아 지역의 경계에 있는 골짜기에 대한 구약시대의 명칭
에브라임과 므낫세 자손들이 가나안 족속의 거주지인 이곳을 쫓아내지 못하였습니다.
기드온 전쟁 시 미디안, 아말렉과 그 동맹군들이 진을 쳤던 곳입니다.
아합왕이 빼앗은 나봇의 포도원이 있는 곳입니다.

12. □□□□
이스라엘 오므리 왕이 세멜에게서 은 두 달란트를 주고 산을 산 후에 성을 건축한 곳입니다.
예루살렘 북쪽 56km지점.
엘리사의 기도로 눈먼 아람 군대를 이곳으로 인도하였습니다.
예수께서 이곳의 수가성에서 여인을 만나셨습니다.
빌립이 복음을 전한 곳입니다.

13. □□□□

'높여졌다', '혼인하는 곳' 이라는 의미

소아시아 서쪽 무시아 지방의 성읍

계시록의 일곱 교회가 있는 지역 중 하나입니다.

하나님의 충성된 종이었던 안디바가 순교한 곳입니다.

사단의 위가 있는 곳으로, 이방신 숭배의 중심지입니다.

14. □□□□

'조심하다', '염탐하다'의 의미

유다와 이스라엘 경계상에 있던 베냐민 지파의 성읍입니다.

베냐민 지파 사람들이 레위 사람 아내를 욕보인 일로 이스라엘 사람들이 보복을 결의한 곳

이곳 사람들이 포로 귀환 후 성벽 중수하는 일에 참여하였습니다.

사무엘이 이곳에 온 백성을 모아놓고 우상숭배에 대해 회개하도록 한 곳입니다.

15. □□□□

'나훔의 동리'의 의미

베드로와 안드레의 집이 있었던 곳입니다.

문둥병자, 백부장의 종, 베드로의 장모를 고치신 곳입니다.

오병이어의 이적과 생명의 떡에 관한 설교를 하신 곳입니다.

복음서에서 예수께서 집에 계셨다고 언급된 유일한 곳입니다.

16. □□□□
'떡의 집' 의미
사해에서 서쪽에, 예루살렘에서 남서쪽 10km정도 떨어진 곳에 위치함.
라헬이 죽은 뒤 장사된 에브랏은 이곳의 옛 명칭입니다.
룻은 시아버지 엘리멜렉의 고향인 이곳으로 와서 다윗의 조상이 되었습니다.
예수께서 태어나신 곳입니다.

17. □□
'하나님의 집' 의미
본래의 명칭은 루스였으나 야곱이 하나님의 환상을 본 이후부터 불리운 곳입니다.
아브라함이 단을 쌓고 여호와의 이름을 부른 곳입니다.
하나님의 사람이 여로보암에게 말씀을 외쳐 경고한 곳입니다.
야곱이 하나님의 사자가 오르내리는 것을 보고 돌기둥을 세우고 기름을 부은 곳입니다.

18. □□□□
'평화의 기초', '평화의 소유' 의 의미
별칭으로 하나님의 성, 다윗의 성, 유다 성읍, 시온, 거룩한 성, 모리아 등이 있습니다.
처음에는 살렘으로 불리우기도 하였습니다.
예수께서 제자들에게 이곳을 떠나지 말라 명하시기도 하였습니다.
오순절 강림 후 교회가 세워진 곳입니다.

19. □□□

'병거'의 의미

스데반 사건으로 박해가 일어나자 몇몇이 이곳까지 피하여 유대인에
게만 말씀을 전한 곳

바나바와 바울이 일 년 동안 이곳에서 전도활동을 하였습니다.

바울과 바나바를 선별하여 최초로 선교사를 파송한 교회가 있는 곳

이곳에서 제자들이 비로소 그리스도인이라 일컬음을 받았습니다.

20. □□

주변에 네 개의 강이 흐르고 있는 곳

하나님께서 인간을 위해 창조하시고, 아담과 하와가 거하였던 곳

죄를 지음으로 인하여 쫓겨남을 당한 곳

생명나무가 있었던 곳

스룹과 화염검으로 둘러 싸인곳

21. □□□□□□

엘람왕 그돌라오멜과 그의 동맹국 군사들의 점령지

호렙산을 떠난 이스라엘 백성이 이곳에 진을 치고 정탐꾼을 파견한 곳

마실 물이 없다고 불평하는 백성을 위해 모세가 반석을 쳐서 물을 낸 곳

미리암을 장사한 곳

여호수아에 의해 점령된 곳

22. □□□□

게네사렛이라고도 불리웁니다.

디베랴 바다라고도 불리웁니다.

북 팔레스틴 최대의 호수입니다.

예수께서 이곳에서 제자들을 부르시기도 하셨습니다.

부활하신 후 이곳에서 제자들에게 나타나시기도 하셨습니다.

23. □□□

'과수원' '정원' 의 의미

팔레스틴의 서쪽, 지중해 연안에 돌출하여 있는 약 24km, 높이 169m 정도의 산맥

가나안 정복시 아셀 지파의 서쪽 경계였습니다.

아하시야 왕의 명령으로 엘리야를 잡으러 온 군사들이 하늘에서 내려온 불로 죽임을 당한 곳

엘리야가 바알과 아세라의 선지자 850 명과 정면 대결하여 승리를 얻은 곳입니다.

24. □□□

기드론 골짜기 건너편 예루살렘 동쪽에 있습니다.

예루살렘 멸망과 연관되어 언급되어 있음

예수께서 지상 생애의 마지막 주간을 보내신 곳

예수께서 예루살렘에 입성하기 전에 마지막 사역을 위해 준비하신 곳

예수께서 제자들이 보는 가운데 승천하신 곳

25. □□□□□□

'기름짜는 틀'의 의미

예수와 제자들의 모임 장소였습니다.

예수의 일상적인 기도처였습니다.

감람산 동편 골짜기입니다.

예수께서 가룟유다에게 붙잡하시기 전날 밤 기도하신 곳

26. □□□

'뺄'이란 의미

에게 해와 아드리아 해 사이의 지협에 위치함

바울이 2차 전도여행시 2년간 선교하며 교회를 세운 곳입니다.

바울이 에라스도를 머물게 한 곳입니다.

바울의 동역자 그리스보, 가이오, 스데바나 등의 거주지입니다.

27. □□

'돌 고리' 라는 의미

요단강을 건넌 이스라엘이 이곳에 진을 쳤습니다.

요단강에서 가져온 열두 돌로 기념비를 세운 곳입니다.

여호수아가 백성들에게 할례를 행한 곳입니다.

여호수아에게 나타나신 하나님에 의해 이 지역 이름이 명명되었습니다.

28. □□□

이곳이 암몬 자손에게 점령당했을 때 입다에 의해 위기를 넘긴 곳입니다.

사울이 최초로 승리를 얻은 곳입니다.

압살롬의 반역으로 다윗은 이곳으로 피신하였습니다.

선지자 엘리야의 출생지입니다.

아브넬에 의해 사울의 아들 이스보셋이 이곳의 왕으로 추대되기도 하였습니다.

29. □□□□□

'데살리의 승리'라는 의미

마게도냐의 수도입니다.

이곳은 바울의 설교에 적지 않은 유대인과 귀부인들이 믿음을 얻게 된 곳입니다.

유대인의 핍박으로 바울이 밤중에 이곳에서 베뢰아로 피신을 하였습니다.

바울이 로마에 있을 때 마게도냐를 다시 방문하고 싶다고 하였습니다.

30. □□

'바위'의 의미

아셀 지파의 성읍입니다.

솔로몬의 성전 건축 때, 재료와 기술을 공급받았습니다.

예수께서 이곳 여인의 귀신들린 딸을 고쳐주셨습니다.

예수께서 회개치 않은 고을을 책망하실 때, 언급하셨습니다.

31. □□□
'박수'의 의미
요압은 이곳의 여인을 이용해 다윗을 피하였던 압살롬을 귀향하게 하였습니다.
다윗의 용사 중 한 사람인 이라의 고향입니다.
여호사밧은 이곳과 엔게디 사이에서 모압, 암몬, 마온 사람의 군대를 쳤습니다.
선지자 아모스의 고향입니다.

32. □□□
'가난하고 고통받는 자들의 집'의 의미
예루살렘 동쪽 약 3km거리에 위치함
문둥이 시몬이 있던 곳
마리아가 예수께 향유를 부은 곳
제자들이 부활하신 예수의 승천 전에 마지막 말씀을 들은 곳

33. □□□
'고기 잡는 사람의 집'이라는 의미
불신앙으로 말미암아 예수께 많은 책망을 받은 도시입니다.
예수께서 소경의 눈을 뜨게 하신 곳입니다.
분봉왕 빌립에 의해 다스려졌었습니다.
오병이어의 기적이 일어난 곳입니다.

34. □□□□

'맹세의 우물'의 의미

아브라함과 아비멜렉이 우물로 인하여 생긴 분쟁을 종결하기 위하여 언약을 세운 곳

이스라엘 영토 분할 시 시므온 지파에 속했던 곳입니다.

사무엘의 두 아들이 이곳에서 사사로 임명을 받은 곳입니다.

갈멜산에서 이방의 제사장을 죽인 엘리야가 이곳으로 도망하여 왔습니다.

35. □□□

'말을 좋아한다'는 의미

바울이 자주장사 루디아를 만난 곳

마게도냐의 첫 성

바울과 실라가 점치는 여인을 고쳐줌으로 고통을 받은 곳

바울이 옥중 서신을 보낸 교회 가운데 한 곳입니다.

36. □□□

'가시나무 숲'의 의미

하나님께서 떨기나무 가운데서 모세를 부르신 곳

여호와께서 불 가운데 임하셨던 곳

하나님께서 이스라엘 자손의 규례와 법도와 율례를 이곳에서 세우셨음

모세가 이곳에서 하나님의 돌판에 십계명을 받은 곳입니다.

37. □□

'건조한', '사막'의 의미

잇사갈 경계의 성읍

여호와께서 세우신 곳

하나님께서 왕권을 다윗에게 부여하신 곳입니다.

신약에서는 새 예루살렘, 하나님의 아들 도성, 신천신지로 표현하고 있습니다.

38. □□□

'인내'의 의미

사단이 데메드리오를 통하여 소동을 벌린 곳

처음 사랑을 버림으로 책망을 받은 계시록의 일곱 교회 중 하나

바울이 2년 정도 머물면서 아시아에 사는 유대인과 헬라인에게 복음을 전한 곳

바울이 이곳 장로들을 밀레도로 초청하여 작별인사와 교훈을 전한 곳

39. □□□

'내려오는'의 의미

나아만이 일곱 번 목욕하여 문둥병이 나은 곳

모세는 이 땅을 건너지 못하고 죽었습니다.

이스라엘 백성들은 하나님의 법궤를 앞세우고 건넜습니다.

예수께서 이곳에서 세례를 받으셨습니다.

40. □□□

'친교', '동맹'의 의미

아브라함, 이삭, 아곱이 거주하던 곳

위의 사람들이 묻혀 있는 막벨라 굴이 있는 곳

레위지파에 할당된 도피성 중 하나

압살롬의 반역을 일으킨 곳

무엇일까요?

1. □□

이 언약은 아브라함에게 주셨습니다.(행7:8)

남자에게만 해당하는 것입니다.(창17:10)

난 지 8일만에 행하는 것입니다.(눅1:59)

블레셋 사람들에게는 이것이 없다고 하였습니다.(삼상17:26)

예레미야는 마음의 이것이 필요하다고 하였습니다.(렘4:4)

2. □□

하루가 지나면 벌레가 생기고 냄새가 납니다.(출16:20)

작고 둥들고 서리 같아 세미한 것입니다.(출16:14)

깟씨 같이 희고 맛은 꿀을 섞은 과자와 같습니다.(출16:3)

이것을 담은 금항아리를 법궤에 넣어 두었습니다.(히9:4)

여호와께서 광야의 이스라엘 백성에게 40년간 내리신 양식입니다.(출16:35)

3. □

하나님이 지으신 들짐승 중에서 가장 간교했습니다.(창3:1)

하와를 유혹하였습니다.(창3:2)

모세가 가지고 있던 지팡이를 던졌을 때 내 모습이 나타났습니다.(출4:3)

생선을 달라하면 나를 줄 사람이 있겠느냐고 물으셨습니다.(마7:10)

나같이 지혜롭고 비둘기 같이 순결하라 하셨습니다.(마10:16)

4. □□

소경이 내어 버리고 뛰어 갔습니다.(막10:50)

검 없는 자는 이것을 팔아 사라 했습니다.(눅22:36)

엘리야가 이것을 취하여 요단강을 이리치고 저리침으로 건너갔습니다.(왕하2:8)

삼손은 수수께끼를 통하여 이것 30벌을 주겠다고 하였습니다.(삿14:12)

바울은 디모데에게 가보의 집에 둔 이것을 가져오라고 했습니다.(딤후4:13)

5. □

종들에게는 이곳을 송곳으로 뚫을 것이라 하였습니다.(출21:6)

베드로가 대 제사장의 종 말고의 이곳을 베어 버렸습니다.(요18:26)

예수께서 에바다 하시므로 이곳이 열렸습니다.(막7:35)

야곱이 자기 집 사람들과 자기와 함께 한 자들로부터 이곳에 있는 고리를 받아 상수리나무 아래 묻었습니다.(창35:4)

이것이 있는 자는 들을지라고 하셨습니다.(마11:5)

6. □□

욥기에 악어를 말하면서 그 콧구멍에서 나오는 것이라고 했습니다.(욥41:20)

시내산에 이것이 있을 때 여호와께서 불 가운데서 거기 강림하셨습니다.(출19:18)

게으른 자는 이에 초 같고 눈에 무엇과 같다 하였습니까?(잠10:26)

이적이 베풀어질 때 피와 불과 이것기둥이라 하였습니다.(욜2:30)

어떤 구름이 기둥같이 성읍 가운데 일어날 때 온 성읍의 무엇이 하늘에 닿았나?(삿20:40)

7. □□

갈리오가 아가야의 이것이 되었습니다.(행18:12)

느헤미야도 이것으로 있었습니다.(느8:9)

예수께서 결박하여 끌려가 빌라도 앞에 섰습니다.(마27:11)

구레뇨가 수리아의 이것이 되었습니다.(눅2:2)

바울을 심문했던 벨릭스도 이것으로 있었습니다.(행23:24)

8. □

아브라함에게 아비의 이곳을 떠나라 하셨습니다.(창12:1)

노아에게는 너와 온 무엇이 방주로 들어가라 하셨습니다.(창7:1)

내 아버지 어디에는 거할 곳이 많도다 라고 하셨나?(요14:2)

장로는 자녀와 자기 무엇을 잘 다스리는 자이어야 하는가?(딤전3:12)

예수께서 기도하는 곳이라 하셨습니다.(마21:13)

9. □□□

모세가 가지고 있으면서 많은 기적을 베풀었습니다.(출4:2)

아론의 것에서는 싹이 났습니다.(히9:4)

여행을 위하여 이것 외에는 가지지 말라 하였습니다.(막6:8)

다윗은 주의 이것과 막대기가 안위해 준다 하였습니다.(시23:4)

여호와의 사자가 이 끝을 내밀어 고기와 무교전병에 델 때 불이 나와 살랐습니다.(삿6:21)

10. □□

삼손이 가서 이것 삼백을 잡았습니다.(삿15:4)

포도원을 허는 작은 이것을 잡으라 하였습니다.(아2:15)

예수께서 이것도 굴이 있다고 하셨습니다.(마8:20)

예수께서 이것에게 가서 오늘과 내일 내가 귀신을 내어 좇는다 하라 하셨나?(눅13:32)

에스겔 선지자는 이스라엘에 있는 선지자들은 황무지의 이것 같다고 하셨나?(겔13:4)

11. □□

태초에 계셨습니다.(요1:1)

'사람이 떡으로만 살 것이 아니요' 이것으로 산다 하셨습니다.(마4:4)

이것을 성령의 검이라고도 합니다.(엡6:17)

이것은 '살았고 운동력이 있어 좌우 날선 어떤 검보다도 예리하다' 하였습니다.(히4:12)

이것은 육신이 되어 우리 가운데 거하게 되었습니다.(요1:14)

12. □□□

아브라함에게는 육축과 이것이 풍부하였습니다.(창13:2)

베드로가 이것은 내게 없거니와 내게 있는 것으로 네게 준다 하였나?(행3:6)

기브온 사람은 사울과 그 집과 우리 사이의 일은 무엇에 있지 않다고 하였나?(삼하21:4)

다윗왕은 정복한 모든 나라에서 얻은 이것을 여호와께 드렸습니다.(삼하8:11)

이것들은 능히 건지지 못하고 심령을 족하게 하거나 창자도 채우지 못한다 하였습니다.(겔7:19)

13. □□

마노아와 그의 아내는 이것이 단에서부터 하늘로 올라가는 것을 보았는가?(삿13:20)

사역자들을 이것으로 삼으셨습니다.(히1:7)

부자는 내가 이 무엇 가운데서 고민한다고 하였나?(눅16:24)

여호와의 사자가 떨기나무 이것 가운데 나타나셔서 모세를 부르셨습니다.(출3:2)

풀무가 심히 뜨거움으로 다니엘의 세 친구를 붙든 자들이 타 죽었는가?(단3:22)

14. □

영은 살과 이것이 없습니다.(눅24:39)

심령의 근심은 이것을 마르게 합니다.(잠17:22)

부드러운 혀는 이것을 꺾습니다.(잠25:15)

좋은 기별은 무엇을 윤택하게 하는가?(잠15:30)

에스겔에게 인자가 이것들이 능히 살겠느냐고 물으셨다.(겔37:3)

15. □□

이것의 생각은 사망입니다.(롬8:6)

이것에 있는 자들은 하나님을 기쁘시게 하지 못합니다.(롬8:8)

마음은 원이로되 이것이 약하다 하셨습니다.(마26:41)

어디의 할례가 할례가 아니라 하셨나?(롬2:28)

말씀이 이것이 되어 우리가운데 거하십니다.(요1:14)

예수께서 이것으로는 다윗의 혈통에서 나셨습니다.(롬1:3)

16. □□

깨달은 마음으로 다섯 마디 말하는 것이 일만 마디의 이것보다 낫다 하셨음.(고전14:19)

예언도 폐하고 이것도 그치고 지식도 폐하리라 하셨음.(고전13:8)

바벨론 왕은 유다의 청년들에게 갈대아 사람의 학문과 이것을 배우도록 하였음.(단1:4)

오순절 날에 다 성령의 충만함을 받고 성령이 말하게 하심을 따라 했음.(행2:4)

무리들이 루스드라에서 바울이 행한 일을 보고 루가오니아의 이것으로 말했나요?(행14:11)

17. □

심령의 근심은 이것을 마르게 함.(잠17:22)

하나님은 에스겔에게 인자야 이것들이 능히 살겠느냐고 물으셨음.(겔37:3)

영은 살과 이것이 없다 하셨음.(눅24:39)

아담은 여자에게 이는 내 이것중의 이것이요 살중의 살이라 하였음.(창2:23)

회칠한 무덤같다 하시면서 그 안에는 죽은 사람의 이것으로 가득 찼다 하셨나?(마23:27)

18. □□

이것은 모든 허물을 가리움.(잠10:12)

이것은 하나님께 속하였다고 하였음.(요일4:7)

무엇보다도 열심히 서로 이것을 하라셨음.(벧전4:8)

믿음의 역사와 이것의 수고와 소망의 인내라고 하셨음.(살전1:3)

믿음, 소망 이것은 항상 있을 것인데 그중의 제일은 이것이라고 하였음.(고전13:13)

19. □□

여호와를 경외하는 것이 이것의 근본입니다.(잠1:7)

네 입술로 이것을 지키라 하셨습니다.(잠5:2)

이것없는 소원은 선치 못하다 하였습니다.(잠19:2)

그리스도 예수를 아는 이것이 가장 고상하다고 하였습니다.(빌3:8)

다니엘에게 많은 사람이 빨리 왕래하고 이것이 더하리라고 말씀하셨습니다.(단12:4)

20. □□

입술의 말은 이것을 이룰 뿐이라고 하였습니다.(잠14:23)

구제하는 자는 이렇지 않다 하였습니다.(잠28:27)

그리스도를 위하여 약한 것들과 능욕과 이것과 핍박과 곤란을 기뻐한다 했나?(고후12:10)

'이 세상 재물을 가지고 형제의 이것을 보고도 도와 줄 마음이 없으면 하나님의 사랑이 없다' 하셨나?(요일3:17)

방탕함을 좇는 자는 이것이 많다 하였나?(잠28:19)

21. □□

남자의 갈빗대로 지음을 받았습니다.(창2:21)

누가 남자의 영광입니까?(고전11:7)

이를 보고 음욕을 품는 자마다 이미 간음을 행하였다 하였습니다.(마5:28)

예수께서 마리아에게 나와 무슨 상관이 있느냐고 하셨습니다.(요2:4)

사마리아에 사는 이는 다섯 남편이 있었습니다.(요4:18)

22. □□

하나님께 이것이요 '땅에서는 기뻐하심을 입은 자들에게 평화라' 하였습니다.(눅2:14)

'먹든지 마시든지' 무엇을 하든지 이를 위하여 하라 했습니다.(고전10:31)

'값으로 산 것이 되었으니 그런즉 너희 몸으로 하나님께' 이것을 돌리라 했나?(고전6:20)

'어린양에게 찬송과 존귀와' 이것과 능력을 세세토록 돌리라 했나?(계5:13)

믿음의 시련이 그리스도의 나타나실 때에 칭찬과 이것과 존귀를 얻게 한다 했나?(벧전1:7)

23. □□

'너는 베드로라 내가 이 반석 위에' 내 이것을 세우리라 하셨나?(마16:18)

시내산에서 말하던 그 천사와 및 우리 조상들과 함께 광야 이곳에 있었다 했나?(행7:38)

계시록에 나타난 이것은 아시아에 일곱 개로 나타났습니다.(계1:4)

일곱 별은 일곱 이곳의 사자요 일곱 촛대는 일곱 이곳이라 했습니다.(계1:20-21)

그리스도께서는 이곳의 머리가 되십니다.(엡5:23)

24. □□

맡은 자에게 구할 것입니다.(고전4:2)

죽도록 이것을 행하면 생명의 면류관을 주겠다 하셨습니다.(계2:10)

달란트 비유중 다섯 달란트와 두 달란트 받았던 자에게 착하고 어떤 종이라 불렀나요?(마25:21)

성령의 열매 중 하나 입니다.(갈5:22)

내게 들은 바를 어떤 사람에게 가르치면 그들이 또 다른 자를 가르친다 하셨나?(딤후2:2)

25. □□□

의로운 해가 떠올라 치료하는 광선을 발하는데 외양간에서 나온 무엇같이 뛴다 하였나?(말4:2)

그때에 이것과 어린 사자와 살찐 짐승이 함께 있어 어린아이에게 이끌린다 하였나요?(사11:6)

아론은 금고리를 받아 부어서 이것의 형상을 만들었습니다.(출32:4)

멍에를 메어보지 못한 젖 나는 소 둘을 끌어다가 수레를 메우고 이것은 돌려보냈습니다.(삼상6:7)

탕자의 비유중 아버지는 둘째 아들이 돌아오자 살진 이것을 잡으라 하였습니다.(눅15:23)

26. □□□□□

믿음은 우리에게서 난 것이 아니요 하나님의 이것입니다.(엡2:8)

'주 예수의 이름으로 세례를 받고 죄사함을 받으라 그리하면' 성령을 주신다고 했습니다.(행2:38)

이것은 사람의 길을 넓게하며 존귀한 자의 앞으로 인도합니다.(잠18:16)

'각양 좋은 은사와 온전한' 이것은 다 위로부터 빛들의 아버지께로서 내려옵니다.(약1:19)

하나님의 은혜와 그리스도의 은혜로 말미암은 이것이 많은 사람에게 넘쳤습니다.(롬5:15)

27. □□

바울이 일찍 이것이 있음으로 머리를 깎았습니다.(행18:18)

입다는 이것을 행함으로 딸을 바쳤습니다.(삿11:30)

하나님께 이것을 하였거든 갚기를 더디게 하지 말라하셨습니다.(전5:4)

요나를 던진 자들이 여호와를 두려워하여 제물을 드리고 이것을 하였습니다.(욘1:16)

압살롬이 다윗에게 여호와께 이것을 하였으니 헤브론에 가서 행하게 해 달라고 하였습니다.(삼하15:7)

28. □□

친구를 위하여 자기 이것을 버리면 이에서 더 큰 사랑은 없다 하였습니다.(요15:13)

그가 우리를 위하여 이것을 버리셨습니다.(요일3:16)

선한 목자는 이것을 버리기도 합니다.(요10:11)

누구든지 제 이것을 구원코자하면 잃을 것 입니다.(마16:26)

네 마음을 다하고 이것을 다하고 '뜻을 다하여 주 너희 하나님을 사랑하라' 하셨습니다.(마 22:37)

29. □□

내 집은 만민이 이것을 하는 집이라 하셨습니다.(사56:7)

말씀과 이것으로 거룩하여 집니다.(딤전4:5)

믿음의 이것은 병든 자를 낫게 합니다.(약5:15)

쉬지말고 하라 하셨습니다.(살전5:17)

다니엘은 하루에 세 번씩 하였습니다.(단6:13)

30. □□□

백발은 영화의 이것이라 하였습니다.(잠16:31)

예수께 가시로 만든 이것을 씌우고 갈대를 그 오른 손에 들리었습니다.(마27:29)

바울은 이제 후로는 나를 위하여 의의 이것이 준비되었다고 하였습니다.(딤후4:8)

'죽도록 충성하라 그리하면 생명의' 이것을 얻으리라 하였습니다.(계2:10)

자기를 사랑하는 자들은 약속하신 생명의 이것을 얻으리라 하셨습니다.(약1:12)

31. □

슬픔이 변하여 이것이 되게 하신다 하셨습니다.(시30:11)

홍해를 건넌 후 미리암이 손에 소고를 잡고 이것을 하였습니다.(출15:20)

여호와의 언약궤가 다윗 성으로 들어올 때 다윗은 이를 행하였습니다.(대상15:29)

헤롯의 생일 때 헤로디아의 딸이 이를 행함으로 헤롯을 기쁘게 하였습니다.(마14:6)

탕자의 비유 중 첫째 아들은 집에서 풍류와 이 소리를 들었습니다.(눅15:25)

32. □

이것은 너를 인하여 저주를 받고 '너는 종신토록 수고하여야 소산을 먹으리라' 하였다.(창3:17)

야곱에게 네 자손이 이것의 티끌같이 되어서 동서남북에 편만할 것이라 하셨습니다.(창28:14)

하나님이 뭍을 이것이라 칭하셨습니다.(창1:10)

맹세를 이것으로도 말라 이는 하나님의 발등상이라 하였습니다.(마5:35)

'약속대로 거하는 바 새 하늘과' 새 이곳을 바라보도다 라고 하셨습니다.(벧후3:13)

33. □□

바로의 꿈에 세약하고 이것에 마른 일곱 이삭이 나왔다 하였습니다.(창41:6)

메뚜기 재앙은 이것을 통하여 왔습니다.(출10:13)

주께서 이것으로 '다시스의 배를 깨뜨리시도다' 라고 시편의 기자는 말하고 있습니다.(시48:7)

여호와께서 이것으로 밤새도록 바닷물을 물러가게 하셔서 마른 땅이 되게 하셨습니다.(출14:21)

주께서 백성을 견책하사 쫓아내실 때에 이것 있는 날에 폭풍으로 옮기심.(사27:8)

34. □□

아무에게나 혐의가 있거든 이것을 해야 합니다.(눅11:4)

일흔 번씩 일곱 번은 하라고 했습니다.(마18:21-22)

요셉은 형제들에게 이를 행하였습니다.(창45:8)

우리가 사람의 과실을 이렇게 하면 천부께서도 우리의 과실을 이렇게 하신다 하셨습니다.(마6:14)

'만일 형제가 죄를 범하거든 경계하고 회개하거든' 이를 하라 했습니다.(눅17:3)

35. □□

이것은 하나님의 감동으로 되었습니다.(딤후3:16)

엠마오로 가던 두 제자들은 예수께서 이것을 풀어 주실 때에 속에서 마음이 뜨거웠다고 했습니다.(눅24:32)

이것에서 영생을 얻는 줄 생각하고 이것을 상고하거니와 이것은 예수님에 대하여 증거합니다.(요5:39)

예수를 믿는 자는 이것에 이름같이 그 배에서 생수의 강이 흘러나리라 하였습니다.(요7:38)

이것대로 그리스도께서 우리 죄를 위해 죽으셨고 다시 사셨습니다.(고전15:3)

36. □

네 사람이 이것 가운데로 다녔습니다.(단3:25)
소돔과 고모라에 유황과 이것이 비같이 내렸습니다.(창19:24)
여호와께서 '밤에는 이 기둥으로 낮에는 구름기둥으로' 인도하셨습니다.(출13:21)
쭉정이는 꺼지지 않는 이것에 태우신다고 하였습니다.(마3:12)
혀는 곧 이것이요 불의의 세계라 하였습니다.(약3:6)

37. □□

'바라는 것들의 실상이요 보이지 않는 것의 증거'입니다.(히11:1)
오직 의인은 이것으로 말미암아 살리라 하였습니다.(롬1:17)
이것이 없이는 하나님을 기쁘시게 할 수 없습니다.(히11:6)
깨어 이것에 '굳게 서서 남자답게 강건하라' 했습니다.(고전16:13)
이것의 기도는 병든 자를 낫게 합니다.(약5:15)

38. □□

노아는 여호와께 이를 얻었습니다.(창6:8)
그리스도 예수 안에 있는 구속으로 말미암아 하나님의 이것으로 값없이 의롭다 함을 얻었다.(롬3:24)
죄가 주관치 못하는 것은 법 아래 있지 않고 이것의 아래 있기 때문입니다.(롬6:14)
마리아에게 무서워 말라 하면서 너는 하나님께 이것을 얻었다 하였습니다.(눅1:30)
그리스도 안에서 그의 이것의 풍성함에 따라 그의 피로 구속 죄사함을 받았습니다.(엡1:7)

39. □□

너희 이것은 하나요 너희는 다 형제다 라고 하셨습니다.(마23:8)

랍비를 번역하면 이것입니다.(요1:38)

한 서기관이 어디로 가시든지 저는 좇으리이다 라고 하였습니다.(마8:19)

바리새인은 제자들에게 너희 이것은 세리와 죄인들과 함께 잡수시느냐고 물었습니다.(마9:11)

빌립보 간수장은 바울과 실라를 부르면서 어떻게 구원을 얻어야 하느냐고 물었습니다.(행16:30)

40. □□□

이것은 증거궤 여호와의 궤 하나님의 궤라고도 불리웁니다.(출30:6, 수4:11, 삼상3:3)

이것 안에는 십계명과 아론의 지팡이와 만나 항아리가 있습니다.(출16:33)

레위지파 고핫 자손들이 어깨에 메어 옮겨집니다.(민4:15)

수레에 싣고 가다가 변을 당하기도 하였습니다.(삼상6:7-15)

이스라엘 백성을 앞서 진행하여 요단강을 건넜습니다.(수3:3-17)

41. □□

누구든지 자기의 모든 소유를 버리지 아니하면 능히 이것이 되지 못한다 했음(눅14:11)

예수의 말에 거하면 이것이 될 수 있음(요8:31)

'과실을 많이 맺으면 내 아버지께서 영광을 받으실 것이요' 너희가 이것이 되리라했음(요13:35)

예수님께서 부르신 열 두명을 가르킴(막3:16-19)

예수께서 산에 올라가 앉으시니 이들이 나아왔습니다.(마5:1)

42. □□

사람들이 예수님 앞에 이것 중에 잡힌 여자를 끌고 왔습니다.(요8:3)

십계명에 일곱 번째 나오는 것임(출20:14)

'혼인을 귀히 여기고 침소를 더럽히지 않게 하라 음행하는 자들과' 이러한 자들은 하나님이 심판하신다 했음(히13:4)

'여자를 보고 음욕을 품는 자마다' 마음에 이미 이를 행하였다 했음(마5:28)

비록 이를 하지 않았다 할지라도 살인하면 율법을 범한 자가 된다.(약2:11)

43. □□□

노아가 홍수 후 이를 내어 놓으매 땅이 마르기까지 날아 왕래하였음(창8:7)

엘리야가 그릿 시냇가에 있을 때 이를 통하여 떡과 고기를 가져왔음(왕상17:6)

아비를 조롱하며 어미 순종하기를 싫어하는 자의 눈은 골짜기의 이것으로 쪼이게 하라했음(잠30:17)

머리는 정금 같고 머리털은 고불고불하고 이것과 같이 검다 하였음(아5:11)

이것은 심지도 아니하고 거두지도 아니하며 골방도 없고 창고도 없음(눅12:24)

44. □□

예수께서 나다나엘에게 이는 참 이스라엘 사람이라 그 속에 이것이 없다 하심(요1:47)

엘리바스는 욥에게 네 죄악이 네 입을 가르치나니 네가 이러한 자의 혀를 택하였다 하였음(욥15:5)

그 진찬을 탐하지 말라 그것은 이렇게 베푼 식물이라 하였음(잠23:3)

사람의 궤술과 이러한 유혹에 빠져 '모든 교훈의 풍조에 밀려 요동치 않게 하려 함이라'(엡 4:14)

우리의 권면은 이것에서나 '부정에서 난 것이 아니요 궤계에 있는 것도 아니라' 했음(살전2:3)

45. □□

이는 존귀의 앞잡이 임.(잠15:33)

이러한 마음으로 각각 자기보다 남을 낫게 여기라함(빌2:3)

서로 이것으로 허리를 동이라 했음(벧전5:5)

능하신 손 아래서 이렇게 하라 했음(벧전5:6)

마음이 이러하면 명예를 얻게 된다.(잠29:23)

46. □□

범사에 이를 하라 했음.(살전5:18)

'누추함과 어리석은 말이나 희롱의 말이 마땅치 아니하니 돌이켜' 이러한 말을 하라.(엡5:4)

모든 일에 기도와 간구로 너희 구할 것을 이렇게 하나님께 아뢰라(빌4:6)

'예수 그리스도로 말미암아 우리에게 이김을 주시는 하나님께' 이를 한다 했음.(고전15:57)

'너희가 한 몸으로 부르심을 받았나니' 또한 너희는 이러한 자가 되라 했음.(골3:15)

47. □□

유전으로 하나님의 이것을 범하느냐 물으셨음(마15:3)

새로운 이것을 주셨는데 첫째 되는 것은 하나님을 사랑하는 것이요 둘째는 이웃을 사랑하는 것임(요13:34)

예수님을 사랑하면 예수님의 이것을 지키는 자라야 한다.(요14:15)

여호와의 이것은 순결하여 눈을 밝게 한다 했음(시19:8)

'네 아버지와 어머니를 공경하라' 이것이 약속 있는 첫 이것이라 했음(엡6:2)

48. □□

예수께서 피로 값주고 사셨음(행20:28)

예수께서 베드로에게 내가 네 반석위에 이를 세우신다 하셨음(마16:18)

아시아에 있는 일곱 이곳에 편지를 보내었음(계1:4)

그리스도께서 이곳의 머리가 되심(엡5:23)

이곳은 그의 몸임(엡5:23)

49. □□

인생은 이것을 위하여 났나니 불티가 위로 날음같다 했음(욥5:7)

그리스도의 남은 이것을 그의 몸된 교회를 위하여 내 육체에 채운다 했음(골1:24)

그리스도의 이것이 우리에게 넘친 것 같이 위로도 그리스도로 말미암아 넘친다 했음(고후1:5)

이것을 당하기 전에는 그릇 행하였더니 이제는 주의 말씀을 지킨다 했음(시119:67)

이것을 당하는 것이 내게 유익이라 이로 인하여 주의 율례를 배우게 됨(시119:71)

50. □□

이스라엘 왕이 미가야를 끌고 가서 내가 올 때까지 이것의 떡과 이것의 물을 마시게 하라 했음(왕상22:27)

아시아에서 당한 환난은 힘이 지나도록 심한 이것을 받아 살 소망이 끊어졌다 했음(고후1:8)

예수께서 무리를 보시고 목자없는 양과 같이 이것을 하며 유리함을 보셨음(마9:36)

내 아들이 간질로 심히 이것을 하여 자주 불에 넘어지고 물에도 넘어진다 했음(마17:15)

사울아 네가 어찌하여 나를 핍박하느냐 가시채를 뒷발질하기가 네게 이것이라 했음(행26:14)

51. □□

이것은 패망의 선봉이다.(잠16:18)

이것에서는 다툼만 일어날 뿐이다.(잠13:10)

지식은 이것을 하도록 하며 사랑은 덕을 세운다.(고전8:1)

하나님이 이러한 자를 물리치시고 겸손한 자에게 은혜를 주신다.(약4:6)

하나님이 미워하시는 것 육 칠 가지 중에는 이것의 눈과 거짓된 혀 등이 있다.(잠6:17)

52. □□□

보리떡 7개와 물고기 2 마리로 사 천명을 먹이시고, 남은 조각을 일곱 이곳에 담았다.(마15:37)

바울은 이것을 타고 들창문으로 성벽을 내려 왔다.(고후11:33)

요셉은 떡 굽는 관원장의 꿈을 해석하여 주기를 세 이것은 사흘이라 했다.(창40:18)

아합의 아들 70인을 잡아 그 머리를 이곳에 담아 예후에게로 보내졌다.(왕하10:7)

예레미야는 여호와께서 여호와 전 앞에 놓인 무화과를 어디로 보이셨나?(렘24:2)

53. □□□□

기름부은 자란 뜻

신약에서는 이것을 히브리어로 메시야와 같은 뜻으로 사용하였다.

베드로는 주는 이것이요 살아계신 하나님의 아들이라 고백하였다.(마16:16)

이것이라 칭하는 예수가 나시니라.(마1:16)

사마리아 여자가 메시야 곧 이것이라 하는 이가 오실 줄 내가 안다 하였다.(요4:25)

54. □

지혜를 얻는 것이 이것을 얻는 것보다 낫다 하였다.(잠16:16)

만나를 이런 항아리에 담아 법궤속에 두었다.(히9:4)

이것보다 은총을 더욱 택하라고 하셨다.(잠22:1)

때에 맞는 말은 아로새긴 은쟁반에 이런 사과라 하였다.(잠25:11)

아론은 이런 송아지를 만들었습니다.(출32:1-4)

55. □□

내 집은 이것 하는 집이다.(마21:13)

말씀과 이것으로 거룩하여 진다 하였다.(딤전4:5)

쉬지 말고 이것을 하라.(살전5:17)

너희는 이렇게 이것을 하라 하늘에 계신 우리 아버지(마6:9)

예수께서 힘쓰고 애써 더욱 간절히 이것을 하셨다.(눅22:44)

56. □□

소는 그 임자를 알고 이것은 주인의 구유를 알건마는 이스라엘은 알지 못하고(사1:3)

삼손이 이것의 새 턱뼈를 보고 손을 내밀어 취하여 일천 명을 죽였다.(삿15:15)

사사 야일에게는 아들 삼십이 있었는데 그들은 어린 이것을 탔다.(삿10:4)

여호와께서 이것의 입을 여시사 나를 이같이 세 번 때리느냐고 했다.(민22:28)

예수께서 예루살렘에 입성 하실 때, 이것의 새끼를 타셨다.(막11:7)

57. □□

여호와께서 은으로 이것 둘을 만들어 회중을 소집하며 진을 진행케 하셨다.(민10:2)

기드온의 삼백 용사는 이것을 가지고 전쟁을 하였다.(삿7:22)

구제할 때에 외식하는 자들과 같이 회당과 거리에서 이것을 불지 말라 하셨다.(마6:2)

주께서 호령과 천사장의 소리와 하나님의 이것으로 친히 하늘로 좇아 강림하신다.(살전4:16)

일곱 천사가 일곱 이것을 받았다.(계8:2)

58. □□

예수께서 나사로의 죽음을 보시고 그를 어디에 두었느냐 하시며 일을 하셨다.(요11:35)

예수께서 바리새인의 집에 들어 가셨을 때 여자는 이것으로 발을 적시고 머리털로 씻었다.(눅7:44)

바울은 모든 겸손과 이것이며 유대인의 간계를 인하여 당한 시험을 참고 주를 섬겼다고 하였다.(행20:19)

하나님께서 저희 눈에서 모든 이것을 씻어 주신다고 하셨다.(계7:17)

처녀 시온의 성곽아 너는 눈에서 이것을 강물처럼 흘리라 하였다.(애2:18)

59. □□

성소와 지성소의 벽을 연접하여 돌아가며 이것을 건축하되 돌아 가며 골방을 만들라 했다.(왕상6:5)

에훗이 왕의 앞으로 나아가니 왕은 서늘한 이방에 홀로 앉아 있다가 예후에게 죽었다.(삿3:20)

엘리야는 죽은 아이를 자기가 거처하는 이곳으로 올라가 침상에 누이었다.(왕상17:19)

제자들은 이곳에 올라가 다른 사람들과 마음을 같이하여 전혀 기도에 힘을 썼다.(행1:13)

도르가가 죽음으로 시체를 씻어 이곳에 두었다.(행9:37)

60. □□

예수께서 광야에서 이것에게 시험을 받으셨다.(마4:1)

가라지를 심은 원수이다.(마13:39)

이것은 처음부터 범죄함이다.(요일3:8)

대적 이것이 우는 사자와 같이 삼킬자를 두루 찾아다닌다 하였다.(벧전5:8)

이것을 대적하라 그리하면 너희를 피하리라 하였다.(약4:7)

61. □□□

너희 진주를 이것 앞에 던지지 말라 하셨다.(마7:6)

아름다운 여인이 삼가지 아니하는 것은 마치 이것 코에 금고리라 하였다.(잠11:22)

더러운 귀신이 이것 이천 마리에 들어감으로 바다에서 몰사 하였다.(막5:13)

집나간 둘째 아들은 들로 보내어 이것을 치게 하였고, 이것이 먹는 쥐엄열매를 먹었다.(눅15:15,16)

이것은 굽이 갈라져 쪽발이로되 새김질을 하지 못함으로 부정하다 하였다.(레11:7)

62. □□

사람이 벌목을 하다가 이것을 들고 찍을 때에 이것이 자루에서 이웃을 죽게 했으면 도피성에 가라했다.(신19:5)

아비멜렉이 손에 이것을 들고 나무 가지를 찍고 어깨에 메었다.(삿9:48)

다윗이 랍바를 점령하여 톱질과 써래질과 이것과 벽돌구이를 하게 하였다.(삼하12:31)

열방의 규례는 헛것인데 삼림에서 벤 나무요 공장의 손이 이것으로 만들었다 하였다.(렘10:3)

이미 이것이 나무 뿌리에 놓였으니 좋은 열매를 맺지 아니하는 나무마다 찍어 불에 던진다 하였다.(마3:10)

63. □□

태초에 이것이 있었느니라.(요1:1)

예언의 이것을 읽는 자와 듣는 자들과 그 가운데 기록한 것을 지키는 자는 복이 있다 하였다.(계1:3)

성령의 검 곧 하나님의 이것을 가지라 하였다.(엡6:17)

하나님의 이것은 살았고 운동력이 있어 좌우에 날선 어떤 검보다도 예리하다.(히4:12)

너는 이것을 전파하라 때를 얻든지 못 얻든지(딤후4:2)

64. □□

애굽 가운데 처음 난 것은 바로의 장자부터 이것 뒤에 있는 여종의 장자까지 죽는다 하였다.(출11:5)

삼손은 눈이 빠지고 옥중에서 이것을 돌리었다.(삿16:21)

믿는 소자 중 하나를 실족케 하면 차라리 연자 이것을 그 목에 달리우고 바다에 빠뜨리는 것이 낫다 하셨다.(마18:6)

이것을 취하여 가루를 갈라 면박을 벗으며 치마를 걷어 다리를 드러내고 강을 건너라 함(사47:2)

힘센 천사가 큰 이것 같은 돌을 들어 바다에 던졌다.(계18:21)

65. □

아들이 떡을 달라 하면 이것을 줄 자가 있겠느냐고 하셨다.(마7:9)

예수께서 나사로의 무덤 앞에서 이것을 옮겨 놓으라 하셨다.(요11:39)

저희가 이것으로 스데반을 쳐 죽였습니다.(행7:59)

가나의 혼인 잔치 집에서 이것 항아리 여섯 개가 있었습니다.(요2:6)

다윗은 골리앗을 죽이기 위하여 매끄러운 이것을 주웠습니다.(삼상17:40)

66. □

멸망으로 인도 하는 이것과 생명으로 인도하는 이것이 있습니다.(마7:13-14)

내 입술의 이것을 지키소서(시141:3)

기도할 때에 골방에 들어가 이것을 닫고 은밀한 중에 계신 아버지께 기도하라셨다.(마6:6)

이것으로 들어가는 이가 양의 목자라 하였다.(요10:2)

크고 높은 성곽이 잇고 열두 개의 이것이 있는데 이것에는 열두 천사가 있습니다.(계21:12)

67. □□

여러 나라 백성으로 나뉘어서 각기 이것과 종족과 나라대로 바닷가의 땅에 머물렀습니다.(창10:5)

이스라엘 자손 중 왕족과 귀족 중 몇 사람에게 갈대아의 학문과 이것을 가르쳤습니다.(단1:4)

저희가 다 성령의 충만함을 받고 성령이 말하게 하심을 따라 다른 이것으로 말하기를 시작하였다.(행2:4)

성령의 은사 중 하나이다.(고전12:10)

사람의 이것과 천사의 말을 할지라도 사랑이 없으면 아무 소용이 없다.(고전13:1)

68. □

예수께서 야고보와 요한이 이곳에서 그물 깁는 것을 보시고 부르셨다.(마4:21)

요나는 이곳 밑층에 내려가서 누웠습니다.(욘1:5)

베드로가 이곳에서 내려 물 위로 걸어 왔습니다.(마14:29)

제자들이 떡 가져오기를 잊었으매 이곳에 떡 한 개밖에 없었습니다.(막8:14)

예수께서 그물을 이곳 오른 편에 던지라 하셨습니다.(요21:6)

69. □

하나님의 지으신 들짐승 중에 이것이 가장 간교합니다.(창3:1)

모세는 이것이 되었던 지팡이를 손에 잡았습니다.(출7:15)

생선을 달라하면 이것을 줄자가 있겠느냐고 하셨다.(마7:10)

이것을 집으며 무슨 독을 마실지라도 해를 받지 아니한다 하셨다.(막16:18)

옛 이것 곧 마귀라고도 하고 사단이라고도 하는 것(계12:9)

70. □□

평안의 이것의 예비한 것으로 신을 신으라 하셨다.(엡6:15)

예수께서 천국 이것을 전파하시며 백성 중에 모든 병과 모든 약한 것을 고치셨습니다.(마4:23)

하나님의 아들 예수 그리스도 이것의 시작이라 하셨습니다.(막1:1)

다른 이것을 전하면 저주를 받을지어다라고 하셨다.(갈1:9)

너희는 그리스도 이것에 합당하게 생활하라고 하셨다.(빌1:27)

71. □□

구약의 사용에서 처음에 쓰면 옷 말에 대한 동감을 표시함(왕상1:36)

따로 쓰면 맹세의 표시임(민5:22)

기도의 끝과 축복의 글에 사용함(느8:6, 대상16:36)

요한 계시록에서는 그리스도를 나타내었다.(계3:14)

진실하다, 소원입니다의 뜻이 있다.

72. □□

남자 어버이(창19:31)

민족의 지도자나 제사장에게도 이렇게 불렀다.(왕하2:12, 삿18:19)

이곳의 집으로 장사하는 집을 만들지 말라 하셨다.(요2:16)

이곳의 집에는 거할 곳이 많도다고 하셨다.(요14:2)

때와 기한은 이분께서 자기의 권한에 두셨으니 너희의 알바가 아니다 하셨다.(행1:7)

73. □□

번제물의 머리에 이것을 하라셨다.(레1:4)

사람들이 예수께 나아와 이것 해 주시기를 바랐다.(막7:32)

바울과 바나바에게 이것을 하여 최초의 선교사로 파송하였다.(행13:3)

아무에게나 경솔하게 이것을 하지 말라고 하였다.(딤전5:22)

십 팔년동안 꼬부라져 조금도 펴 보지 못한 여인에게 예수께서 이것을 함으로 곧 폈다.(눅13:13)

74. □□

이삭이 그 다툼을 인하여 이것의 이름을 에섹이라 하였다.(창26:20)

모세가 바로의 낯을 피하여 미디안 땅에 머물러 이곳 곁에 앉았다.(출2:15)

예수께서 사마리아 여인을 야곱의 이곳에서 만나셨다.(요4:6)

다윗이 사모하여 가로되 베들레헴 성문 곁 이곳 물을 '누가 나로 마시게 할꼬' 하매(삼하23:15)

이곳은 족장들이 팠고 백성의 귀인들이 홀과 지팡이로 판 것이로다(민21:18)

75. □□

내가 긍휼을 원하고 이것을 원치 아니한다.(마9:13)

아벨은 가인보다 더 나은 이것을 드렸다.(히11:4)

하나님의 구하시는 이것은 상한 심령이라(시51:17)

나는 인애를 원하고 이를 원치 아니한다.(호6:6)

'자기를 단번에 이것으로 드려 죄를 없게 하시려고 세상 끝에 나타나셨느니라'.(히9:26)

76. □□

이것이 '곧 유일하신 참 하나님과 그에 보내신 예수 그리스도를 아는' 것이다.(요17:3)

저를 믿는 자는 멸망치 않고 이것을 얻게 하려 하심이라 했다.(요3:16)

성경에서 이것을 얻는 줄 생각하고 상고하거니와(요5:39)

주여 이것의 말씀이 계시매 우리가 뉘게로 가오리까?(요6:68)

생명나무 실과를 따먹고 이것할까 하노라(창3:22)

77. □□

이것이면 믿음의 분수대로(롬12:6)

이것도 폐하고 방언도 그치고 지식도 폐하리라.(고전13:8)

이것은 언제든지 사람의 뜻으로 낸 것이 아니요(벧후1:21)

너희 자녀들은 이것을 할 것이요 너희의 젊은이들은 환상을 보고 너희 늙은이들은 꿈을 꾸리라.(행2:17)

이것의 말씀을 읽는 자와 듣는 자들과 그 가운데 기록한 것을 지키는 자들이 복이 있나니(계1:3)

78. □

그때에는 이스라엘에 이것이 없으므로 사람마다 자기 소견에 옳은 대로 행하였더라.(삿17:6)

유대인의 이것으로 나신이가 어디 계시뇨(마2:2)

네가 유대인의 이것이냐(마27:11)

만왕의 이것이시며 만유의 주시요(딤전6:15)

죄 패에 유대인의 이것이라 썼다.(막15:26)

79. □□

사람이 이를 위하여 목숨을 버리면 이에서 더 큰 사랑은 없다.(요15:13)
너희가 나의 명대로 하면 곧 나의 이것이다.(요15:14)
어떤 이는 형제보다 친밀하니라(잠18:24)
예수에게 세리와 죄인의 이것이로다고 하였다.(마11:19)
성경에서 좋은 이를 말하면 다윗과 요나단을 꼽을 수 있습니다.

80. □□

라헬이 그 자식을 위하여 애곡하는 것이라 그가 자식이 없음으로 이것 받기를 거절하였다.(마2:18)
애통하는 자는 복이 있나니 저희가 이것을 받을 것이요(마5:4)
시므온은 의롭고 경건하여 이스라엘의 이것을 기다리는 자라(눅2:25)
그리스도의 고난이 우리에게 넘친 것 같이 우리의 이것도 그리스도로 말미암아 넘치는도다.(고후1:5)
우리를 사랑하시고 영원한 이것과 좋은 소망을 은혜로 주신 하나님 (살후2:16)

81. □□

이것의 생명은 피에 있음이라 하였다.(레17:11)
의롭다 함을 얻을 이것은 없습니다.(갈2:16)
성령의 소욕은 이것을 거스립니다.(갈5:17)
모든 이것은 풀과 같고 그 모든 영광이 풀의 꽃같다.(벧전1:24)
예수로 자랑하고 이것을 신뢰하지 아니하는 우리가 곧 할례당이다.(빌3:3)

82. □□

이것의 일점일획이라도 반드시 없어지지 아니하고 다 이루리라(마5:18)

남에게 대접을 받고자 하는대로 너희도 남을 대접하라 이것이 이것이요 선지자니라(마7:12)

이것은 모세로 말미암아 주신 것이다.(요1:17)

하나님 앞에서는 이것을 듣는 자가 의인이 아니요 오직 이것을 행하는 자라야 의롭다함(롬3:13)

사랑은 이것의 완성이니라(롬13:10)

83. □□

각양 좋은 이것과 온전한 선물이 다 위로부터 빛들의 아버지께로서 내려온다(약1:17)

이것은 여러 가지나 성령은 같다.(고전12:4)

각각 이것을 받은 대로 '하나님의 각양 은혜를 맡은 선한 청지기 같이 서로 봉사하라'(벧전4:10)

하나님의 이것과 부르심에는 후회함이 없으시다.(롬11:29)

하나님의 이것은 예수 그리스도 예수 우리 주 안에 있는 영생이니라 (롬6:23)

84. □□

하나님의 이것을 듣고 아담과 그 아내가 하나님의 낯을 피하였다.(창3:8)

한나가 속으로 말하매 입술만 동하고 이것은 들리지 아니하였다.(삼상1:13)

누구든지 내 이것을 듣고 문을 열면 내가 그에게로 들어가 그로 더불어 먹는다.(계3:20)

문지기는 그를 위하여 문을 열고 양은 그의 이것을 듣는다.(요10:3)

죽은 자들이 하나님의 아들의 이것을 '들을 때가 오나니 곧 이때라 듣는 자는 살아나리라'(요5:25)

85. □□

은밀한 것이 밤에 이것으로 다니엘에게 나타나 보이매 다니엘이 하늘에 계신 하나님을 찬송하니라(단2:19)

늙은이는 꿈을 꾸며 너희 젊은이들은 이것을 볼 것이며(욜2:28)

밤에 하나님이 이것 중에 '이스라엘에게 나타나시고 불러 가라사대 야곱아 야곱아 하시는지라'(창46:2)

에스겔은 그발 하숫가에서 보던 이것 같기도 하여 얼굴을 땅에 대고 엎드렸다.(겔43:3)

올래강 두 언덕 사이에서 사람의 목소리가 있어 외쳐 이르되 가브리엘아 이것을 이사람에게 깨닫게 하라 하신지라.(단8:16)

86. □□

이것의 온 것은 잃어버린 자를 찾아 구원하려 함이다.(눅19:10)

하늘이 열리고 이것이 하나님 우편에 서신 것을 보노라.(행7:56)

오직 이것은 머리 둘 곳도 없다 하셨다.(마8:20)

이것은 안식일에 주인이니라.(마12:8)

노아의 때와 같이 이것의 임함도 이와 같으니라.(마24:37)

87. □□

환난은 이것을 이것은 연단을 연단은 소망을(롬5:3-4)

믿음과 사랑과 이것과 온유를 좇으라.(딤전6:11)

너희에게 이것이 필요함은 너희가 하나님의 뜻을 행한 후에 약속을 받기 위함이다.(히10:36)

이것을 온전히 이루라 이는 너희로 온전하고 구비하여 부족함이 없게 하려 함이다.(약1:4)

너희 믿음의 시련이 이것을 만들어 내는 줄 너희가 앎이라.(약1:3)

88. □□

내가 이것 위에 내 교회를 세우리니(마16:18)

저희를 따르는 신령한 이것으로부터 마셨으매 이것은 곧 그리스도시라.(고전10:4)

나의 이 말을 듣고 행하는 자는 그 집을 이것 위에 지은 지혜로운 사람 같다.(마7:24)

너는 이것을 치라 그 것에서 물이 나리니 백성이 마시리라.(출17:6)

여호와는 나의 이것이시오 나의 요새시오 나를 건지시는 자시오 나의 하나님이시요(시18:2)

89. □

수고의 이것을 먹음이 헛되도다.(시127:2)

사람이 이것으로만 살 것이 아니요 하나님의 입에서 나오는 말씀으로 산다.(신8:3)

아들이 이것을 달라하면 돌을 주며 생선을 달라하면 뱀을 줄 자가 있느냐(마7:9)

이것 다섯 개와 물고기 두어 마리로 오천 명을 먹이셨다.(요6:9)

나는 하늘로서 내려온 산 이것이니 나를 먹는 자는 영원히 살리라.(요6:41)

90. □□

그리스도 예수로 이것을 하고 육체를 신뢰하지 않는다.(빌3:3)

십자가 외에는 결코 이것 할 것이 없다.(갈6:14)

누구든지 사람을 이것 하지 말라.(고전3:21)

율법을 이것하는 네가 율법을 범하느냐(롬2:23)

이것하는 자는 주 안에서 이것을 하라.(고전1:31)

STEP 1
STEP 2
STEP 3

성경 순서대로

1. 천사의 나타남 -〉

㉠천사 가브리엘이 사가랴에게 나타남(눅1:19)

㉡예수님께 천사들이 수종 듬(마4:11)

㉢천사 가브리엘이 마리아에게 나타남(눅1:26-27)

㉣천사가 베드로에게 나타남(행12:11)

2. 예수님의 기적 -〉

㉠물로 포도주를 만드심(요2:1-11)

㉡예수께서 베데스다 연못가에서 병자를고치심(요5:1-9)

㉢신하의 아들을 고차심(요4:46-54)

㉣소경에게 실로암 못에 가서 씻으라 하심(요9:1-12)

3. 삼손에 대하여 -〉

㉠삼손이 삼천 명을 죽임(삿16:27)

㉡블레셋 곡식을 불사른 삼손(삿15:5)

㉢삼손의 잔치와 수수께끼(삿14:8-14)

㉣삼손의 나귀턱뼈로 일천 명을 죽임(삿15:15)

4. 압살롬에 대하여 -〉

㉠압살롬이 반란을 일으킴(삼하15:12)

㉡압살롬이 암논을 죽임(삼하13:32)

㉢압살롬의 머리털이 상수리 나무에 걸림(삼하19:9)

㉣왕이 압살롬과 입을 맞춤(삼하14:33)

5. 베드로에 대하여 -〉

㉠베드로가 옥에 갇혀 있다가 풀려남(행12:1-19)

㉡베드로가 기도하러 지붕에 올라감(행10:9)

㉢베드로와 요한이 앉은뱅이를 고침(행3:1-10)

㉣베드로와 요한이 법정에 섬(행4:5-12)

6. 요나에 대하여 -〉

㉠요나가 박넝쿨로 인하여 불평함(욘4:9)

㉡요나가 선가를 주고 배에 오름(욘1:3)

㉢요나가 하룻 길을 걸으며 외침(욘3:4)

㉣요나가 물고기 뱃속에서 기도함(욘2:1)

7. 엘리야를 따른 엘리사 -〉

㉠요단(왕하2:6)

㉡길갈(왕하2:1)

㉢여리고(왕하2:4)

㉣벧엘(왕하2:2)

8. 고멜에 대하여 -〉

㉠고멜이 로루하마를 낳음(호1:6)

㉡고멜이 이스르엘을 낳음(호1:3)

㉢고멜이 로암미를 낳음(호1:9)

㉣호세아가 디블라임의 딸을 취함(호1:3)

9. 야곱에 대하여 -〉

㉠야곱이 벧엘에서 하나님을 만남(창28:10-22)

㉡야곱이 얍복나루에서 씨름을 함(창32:21-32)

㉢야곱이 라헬과 결혼함(창29:28-30)

㉣야곱이 온 가족에게 벧엘로 올라가자 함(창35:1-8)

10. 솔로몬에 대하여 ->

㉠성전을 봉헌함(왕상8:22-66)

㉡하나님께 지혜를 구함(왕상3:1-15)

㉢아도니야를 살려줌(왕상1:49-53)

㉣자기 궁전을 지음(왕상7:1-12)

11. 천지창조 대하여 ->

㉠땅의 생물(창1:24)

㉡빛(창1:3)

㉢일월성신(창1:14-19)

㉣땅과 바다(창1:10)

12. 십계명에 대하여 ->

㉠거짓증거하지 말라(출20:16)

㉡안식일을 기억하라(출20:8)

㉢탐내지말라(출20:17)

㉣네 부모를 공경하라(출20:12)

13. 유대 왕에 대하여 -〉

㉠여호람(대하21:3)

㉡여호사밧(대상15:24)

㉢여호야긴(대하36:8)

㉣여호야김(대상36:4)

14. 이스라엘 왕에 대하여 -〉

㉠여로보암(왕상12:20)

㉡호세아(왕하15:30)

㉢스가랴(왕하15:8-12)

㉣아합(왕상16:29)

15. 사사에 대하여 -〉

㉠삼손(삿13:25)

㉡에훗(삿3:15-30)

㉢입산(삿12:8)

㉣입다(삿11:2-11)

16. 바울의 2차 전도여행 -〉

㉠데살로니가(행17:1)

㉡더베(행16:1)

㉢드로아(행16:8)

㉣에베소(행18:19)

17. 요한복음에 나타난 예수님 -〉

㉠나는 길이요 생명(요14:6)

㉡나는 선한 목자(요10:11)

㉢나는 세상의 빛(요8:12)

㉣나는 포도나무(요15:1)

18. 열 재앙에 대하여 -〉

㉠메뚜기(출10:13)

㉡개구리(출8:6)

㉢이(출8:17)

㉣우박(출9:24)

19. 이스라엘백성들의 죽음 -〉

㉠염병(민25:9)

㉡불로(민11:1)

㉢땅이 열려(민16:32)

㉣칼로(출32:27)

20. 불에 대하여 -〉

㉠소돔과 고모라(창19:4)

㉡애굽에 내린 불덩이(출9:24)

㉢독사가 불에 떨어짐(행28:5)

㉣불속에서 살아남(단3:25)

21. 도시를 세움 -〉

㉠에덴동편 놋 땅에 에녹을 세움(창4:17)

㉡바아사가 라마를 건축함(왕상15:17)

㉢오므리가 사마리아를 세움(왕상16:23-24)

㉣히엘이 여리고를 세움(왕상16:34)

22. 결혼에 대하여 -〉

㉠교회와 그리스도(계19:7)

㉡라헬과 야곱(창29:18)

㉢십보라와 모세(출2:21)

㉣리브가와 이삭(창24:67)

23. 세례 받은 순서 -〉

㉠이스라엘 백성이 홍해에서 세례를 받음(고전10:2)

㉡바울이 세례를 받음(행9:18)

㉢에디오피아 내시가 빌립에게 세례를 받음(행8:38)

㉣고넬료의 가족이 베드로에게 세례를 받음(행11:48)

24. 팀 순서는 -〉

㉠바울과 바나바(행13:2)

㉡여호수아와 갈렙(민14:6-9)

㉢베드로와 요한(행3:1)

㉣에스라와 느헤미야(느8:9)

25. 목자들 - 〉

㉠나발(삼상25:2)

㉡다윗(삼상16:11)

㉢야곱의 아들 유다(창38:12)

㉣아벨(창4:2)

26. 설교자들 - 〉

㉠베드로(행2:14-40)

㉡스데반(행7:1-53)

㉢요나(욘3:4)

㉣사무엘(삼상8:10-18)

27. 돌에 대하여 - 〉

㉠십계명 돌판(출24:12)

㉡야곱의 돌베게(창28:11-28)

㉢야곱과 라반이 세운 언약(창31:45)

㉣요단강에서 가져 온 열두 지파 돌(수4:5)

28. 요셉에 대하여 -〉

㉠형들이 요셉을 죽이려함

㉡형들에게 요셉이 꿈 이야기를 함

㉢형들이 요셉에게 찾아와 절함

㉣형들이 요셉을 팔아먹음

29. 족장에 대하여 -〉

㉠이삭

㉡야곱

㉢아브라함

㉣요셉

30. 노아의 방주에 대하여 -〉

㉠비둘기가 잎새를 물어옴(창8:11)

㉡까마귀를 내어 보냄(창8:7)

㉢비둘기가 돌아옴(창8:9)

㉣비둘기가 돌아오지 않음(창8:12)

31. 라합에 대하여 -〉

㉠라합이 정탐꾼을 지붕의 삼대에 숨김(수2:5)

㉡라합이 살몬과 결혼을 함(마1:5)

㉢라합이 붉은 줄을 창문에 매달음(수2:21)

㉣라합과 그 아비의 가족이 다 살림을 받음(수6:25)

32. 한나에 대하여 -〉

㉠사무엘이 젖을 뗌(삼상1:24)

㉡엘리에게 사무엘을 데리고 감(삼상1:25)

㉢한나가 세 아들과 두 딸을 낳음(삼상2:21)

㉣브닌나가 한나를 심히 격동함(삼상1:6)

33. 산에 오른 자 -〉

㉠아브라함이 모리아 산에 오름(창22:2)

㉡모세가 시내산에 오름

㉢예수께서 변화산에 오르심

㉣아론이 호르산에서 죽음

34. 욥에 대하여 -〉

㉠욥이 생일을 저주함(욥3:1)

㉡스바 사람들이 쳐 들어와 빼앗고 죽임(욥1:15)

㉢대풍이 불어 자녀들이 죽음(욥1:19)

㉣부인이 욕하고 죽으라 함(욥1:9)

35. 이름이 바뀐 것 -〉

㉠사래가 사라로

㉡아브람이 아브라함으로

㉢야곱이 이스라엘로

㉣시므온이 베드로로

36. 유월절 -〉

㉠고기를 불에 구워 먹고(출12:8)

㉡양을 잡음(출12:6)

㉢무교병과 쓴나물을 아울러 먹음(출12:8)

㉣지팡이를 잡고 급히 먹으라(출12:11)

37. 다니엘에 대하여 -〉

㉠다리오 왕과 사자굴(단6:19-27)

㉡벨사살 왕 때 글씨(단5:24-29)

㉢느부갓네살의 큰 나무의 꿈(단4:10-18)

㉣느부갓네살의 신상꿈(단2:31-43)

38. 형제들 -〉

㉠에브라임과 므낫세(창47:5)

㉡야고보와 요한

㉢모세와 아론

㉣이스마엘과 이삭

39. 관계된 자들 -〉

㉠밧세바와 다윗

㉡다말과 유다

㉢하갈과 아브라함

㉣실바와 야곱

40. 가족 -〉

㉠나오미의 두 며느리

㉡이스라엘의 열 두 아들

㉢우레의 아들(막3:17)

㉣베다니의 세 오누이

성경
숫자 찾기

1.

㉠이스마엘의 방백 수(창17:20)

㉡야이로의 딸 나이(눅8:42)

㉢이스라엘의 정탐군(신1:23-24)

㉣예수님의 제자 수(마20:17)

2.

㉠미가가 레위 소년에게 준 은(삿17:10)

㉡해 그림자가 물러 난 도의 수(왕하20:9-11)

㉢신랑을 맞으러 나간 처녀들(마25:1)

㉣모세가 받은 계명(출34:28)

3.

㉠남은 떡을 담은 광주리 수(마15:37)

㉡여리고성을 돔(수6:4)

㉢나아만이 요단강에서 목욕을 한 횟수(왕하5:10)

㉣계시록에 나타난 교회, 나팔심판(계2:1-3:22, 8:1-11:19)

4.

㉠감람나무와 촛대(계11:4)
㉡리브가의 태중에 있는 민족 수(창25:23)
㉢하나님이 지으신 광명(창1:16)
㉣벧스메스의 소(삼상6:7)

5.

㉠계시록에 나타난 네 생물의 각각 날개 수(계4:8)
㉡레아가 낳은 아들 수(창30:20)
㉢도피성의 수(민35:6)
㉣가나의 혼인잔치 집에 있는 돌 항아리 수(요2:6)

6.

㉠흑암 재앙의 날 수(출10:22)
㉡베드로가 닭 울기전 부인한 횟수(마26:34)
㉢예수님의 부활(막9:31)
㉣노아의 아들 수(창6:10)

7.

㉠바울은 사십에 하나 감한 매를 몇 번 맞았나?(고후11:24)
㉡사마리아여인의 남편 수(요4:18)
㉢다윗이 주운 매끄러운 돌(삼상17:40)
㉣등에 기름을 예비한 슬기로운 처녀 수(마25:2)

8.

㉠이새의 아들 수(삼상17:12)
㉡애니아라는 자가 중풍병으로 상에 누운 햇수(행9:33)
㉢요시아가 위에 나갈 때의 나이(왕하22:1)
㉣난지 몇 일만에 할례를 행하는가?(눅1:59)

9.

㉠빌립집사의 딸(행21:9)
㉡입다의 딸을 위하여 이스라엘 여자들이 애곡 한 날 수(삿11:40)
㉢나사로가 무덤에 있던 날 수(요11:17)
㉣중풍병자를 데리고 온 친구 수(막2:3)

10.

㉠사울을 죽이기로 동맹 한 자의 수(행23:13)

㉡이삭이 리브가를 맞이한 나이(창25:20)

㉢홍수가 땅에 몇 일 동안 있었나?(창7:17)

㉣이스라엘이 광야에서 만나를 먹은 햇수(출16:35)

11.

㉠떡 다섯 개로 먹은 사람의 수(마16:9) ÷

㉡사울왕이 다윗에게 가져오라는 블레셋 사람의 양피 수
(삼상18:25) +

㉢나홀이 데라를 낳은 나이(창11:24) -

㉣이스마엘이 양피를 벤 나이(창17:25) =

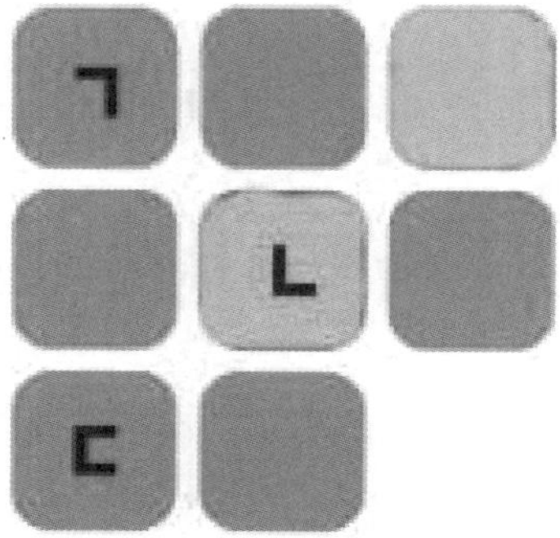
ㄱ
ㄴ
ㄷ

성경 속의 단어 찾기

ㄱ

① 반석 위에 내 □□를 세우리니(마16:18)

② 죄에서 건저 냄(벧전1:5) □□

③그리스도 기름부음을 받았다(마16:16) □□□□

④ 받은 것을 받았다고 표함(시100:4) □□

⑤ 쉬지말고 □□하라(살전5:17)

⑥ 예수께서 처음 이적을 베푸신 곳(요2:1) □□

⑦ 잘난 체하며 뽐내고 건방짐(출18:11) □□

⑧ 아담의 첫 아들(창4:1) □□

⑨ 사사로써 300명으로 전쟁에서 이긴 자(삿6:11) □□□

⑩ 예수께서 나는 □이요 진리요 생명이니(요14:6)

ㄴ

① 방주를 지은 자(창6;8) □□

② 앗수르의 수도(욘1:2) □□□

③ 예수님을 밤중에 찾아와 거듭나야

한다는 말을 들은 자(요3:1) □□□□

④ 예수님을 사랑하는 자로 죽은지 나흘이 된

후 살아난 자(요11:1) □□□

⑤ 다윗의 죄를 낱낱이 밝힌 선지자(삼하7:2) □□

⑥ 엘고스 사람으로 선지자 중 하나(나1:1) □□

⑦ 기드온의 무기 중 하나(삿6:34) □□

⑧ 갈릴리의 성읍으로 예수님께서 자라신 곳(마4:13) □□□

⑨ 삼손같이 하나님께 서원하고 머리를 깍지 않고

부정한 것을 만지지 않는 자(삿13:5) □□□

⑩ 아닥사스다 시대에 예루살렘 성벽을 쌓은 자(느1:1) □□□□

ㄷ

① 이스라엘의 초대왕으로

하나님 마음에 합한 자(행13:22) □□

② 욥바에 있던 신자(행9:36) □□□

③ 사자굴 속에서 살아 난 자(단6:3) □□□

④ 소녀야 내가 네게 말하노니 일어나라는 뜻(막5:41) □□□□

⑤ 유다의 아내(창38:6) □□□

⑥ 사도 바울의 고향(행9:11) □□

⑦ 바울이 복음으로 낳은 자(딤전1:2) □□□

⑧ 예수님의 제자로 의심이 많은 자(요20:24) □□□

⑨ 여호와를 앙망하는 자는 □□□의 날개같이(사40:31)

⑩ 에브라임 출신으로 여자 사사 중 하나(삿4:4) □□□

ㄹ

① 이탈리아의 수도(행18:2) □□

② 여리고의 기생(수2:1) □□

③ 라반의 딸, 야곱의 아내(창29:6) □□□

④ 야곱의 아내(창29:16) □□□

⑤ 아브라함의 조카(창11:27) □

⑥ 보아스의 아내(룻1:4) □

⑦ 야곱의 장남(창29:32) □□□

⑧ 예수님의 제자로 신약의 첫 번째 책 저자(마9:9) □□

⑨ 에스더의 양부(에2:5) □□□□

⑩ 아론과 모세의 누이(출15:20) □□□

ㅁ

① 물에서 건짐을 받은 지도자(출2:10) □□

② 모세의 누이(민26:59) □□□

③ 바라는 것들의 실상(히11:1) □□

④ 무엇보다도 지켜야 할 것(잠4:23) □□

⑤ 이 때에는 고통의 때가 된다(딤후3:1) □□

⑥ 건축자의 버린 돌이 집 모퉁이에 이것이 됨(시118:2) □□□

⑦ 사울왕의 작은 딸(삼상14:49) □□

⑧ 나는 선한 □□ 이라(요10:11)

⑨ 이것이 변하여 포도주가 됨(요2:9) □

⑩ 그 피를 양을 먹을 집 좌우 □□□와
인방에 바르고(출12:7)

ㅂ

① 다메섹 도상에서 회심한 자(행13:9) □□

② 솔로몬의 어머니(삼하11:3) □□□

③ 애굽 역대 왕의 칭호(출1:11) □□

④ 거짓 선지자(행13:6) □□□

⑤ 초대교회의 전도자(행4:36) □□□

⑥ 요한이 계시록을 받은 섬(계1:9) □□

⑦ 다른 나라 말(창10:5) □□

⑧ 예수께서 태어나신 마을(마2:1) □□□□

⑨ 바로의 시위대장(창37:36) □□□

⑩ 기쁜 소식(마4:23) □□

ㅅ

① 열 둘을 택하사 □□라고 칭하셨나(눅6:13)

② 믿음 소망 □□ 이 세 가지는 항상 있을 것인데(고전13:13)

③ 북왕조 이스라엘의 수도(왕상13:32) □□□□

④ 신약시대에 제사장직을 가진
유대인의 한 당파(마3:7) □□□□

⑤ 사울왕과 다윗왕에게 기름부음을
행한 선지자(삼상1:20) □□□

⑥ 소아시아의 일곱 교회 중 한 지역(계1:11) □□□

⑦ 거룩하고 깨끗함(출15:13) □□

⑧ 하나님의 말씀(딤후3:16) □□

⑨ 비둘기 모양으로 나타나신 하나님(마3:16) □□

⑩ 삼 껍질에서 뽑아낸 가는 실로
곱게 짠 베(마27:59) □□□

ㅇ

① 저희 죄에서 구원하실 자(마1:21) □□

② 그렇게 될 줄 믿습니다(계22:20) □□

③ 솔로몬 성전의 기둥(왕상7:21) □□□

④ 세배대의 아들로 예수님의 제자 중 하나(마4:21) □□□

⑤ □□□□는 나의 힘이요(출 15:2)

⑥ 믿음의 조상(창 17:5) □□□□

⑦ 이스라엘의 선지자 중 하나(왕상 17:1) □□□

⑧ 이삭의 쌍둥이 아들 중 하나(창 25:26) □□□

⑨ 세례 요한의 어머니(눅1:5) □□□□

⑩ 야곱과 라헬의 장남(창30;24) □□

ㅈ

① 진리가 너희를 □□케 하리라(요8:32)

② 하나님의 □□□□를 입으라(엡6:11)

③ 여호와께 제물과 함께 드리는 것(출12:27)

④ □는 그리스도시오 살아계신 하나님의 아들이니이다(마16:16)

⑤ □의 삯은 사망이요(요6:23)

⑥ 여호와를 경외하는 것이 □□의 근본(잠1:7)

⑦ □□를 얻는 것이 금을 얻는 것보다(잠16:16)

⑧ 내가 곧 길이요 □□요 생명이니(요14:6)

⑨ 하인, 노예(마10:24) □

⑩ 예수님께서 뽑은 열 두 명(막3:14) □□

ㅊ

① 하나님을 높이어 영광을 돌림(시118:14) □□

② 하나님께서 세상을 만드심(창1:1) □□

③ 하나님의 심부름꾼들(마4:11) □□

④ 이스라엘의 절기 중 하나로 칠월 십오일에 지키는 명절(레23:34) □□□

⑤ 가득 참(대상16:32) □□

⑥ 높이어 자랑함(잠10:7) □□

⑦ 동무, 벗(잠17:17) □□

⑧ 더러움이 없고 깨끗함(시24:4) □□

⑨ 하늘나라(마5:3) □□

⑩ 꾸짖음(마11:20) □□

ㅋ

① □을 가지는 자는 다 □로 망하느니라(마26:52)

② 즐기는 생활(딤후3:4) □□

③ 요나가 밤낮 사흘을 이것 뱃속에서 지냈다(마12:40) □□□□

ㅌ

① 다른 나라 사람(출12:19) □□□

② 한탄하며 한숨을 쉬다(시6:6) □□

③ 맨 처음(창1:1) □□

④ 돈이나 물건 따위를 억지로 달라고 함(눅19:8) □□

⑤ 질투(창30:1) □□

⑥ 티와 먼지를 통틀어 이르는 말(창18:27) □□

⑦ 삼손이 나귀의 이것으로 천 명을 죽임(삿15:16) □□

ㅍ

① 물결(시89:9) □□

② 파괴되어 없어짐(렘48:3) □□

③ 보냄을 받다(눅13:34) □□

④ 사물을 인식하여 논리나 기준 등에 따라 판정을 내림(창31:37) □□

⑤ 야곱이 형 에서에게 이것을 주고 장자권을 삼(창25:34) □□

⑥ 안부, 소식, 용무 따위를 적어 보내는 글(고후3:3) □□

⑦ 걱정이나 탈이 없음(창26:29) □□

⑧ 포도를 원료로 하여 담근 술(창9:21) □□□

⑨ 목표로 삼아 세우는 대(빌3:14) □□

⑩ 혈액(행20:28) □

ㅎ

① 전능하신 분(창17:1) □□□

② 다니엘의 세 친구 중 하나(단1:11) □□□

③ 사무엘의 어머니(삼상1:2) □□

④ 하나님의 백성임을 나타내는 것으로 남자의 성기 끝 살가죽을 끊어 내는 것(창34:14) □□□

⑤ 아래위가 좁고 배가 부른 질그릇(요2:6) □□□

⑥ 살이 전부 썩은 죽은 사람의 머리뼈(창50:25) □□

⑦ 아이를 낳음(딤전2:15) □□

⑧ 생활에서 충분한 만족과 기쁨을 느끼어 흐뭇해 하는 자(신33:29) □□□

⑨ 향을 피우는 자그마한 화로(레16:12) □□

⑩ 모든 일이 뜻과 같이 잘되어 감(시1:3) □□

사도행전 빈칸 채우기

ㅇ		아			
	ㄹ	아			
ㄹ		아			
	ㄷ	아			
	ㅌ	아			
ㄹ		아			
	ㄹ	아			
ㅁ		아			
	ㄹ	아			
ㄱ		아			
	ㅅ	아			
ㄱ		ㄷ	아		
	ㄹ	ㄱ	아		
ㅂ	ㅂ		아		
ㄱ	ㄹ		아		
	ㅁ	ㄹ	아		
ㅇ	ㄴ		아		
ㅇ	ㄷ		아		
ㅂ		ㄷ	아		
	ㄱ	ㄹ	아		
ㅇ		ㅇ		아	
	ㄱ		ㄴ	아	
ㅇ		ㅅ		ㄹ	아

ㅈ	가			
ㅁ	가			
ㅂ	가			
	ㄹ	가		
ㄷ		ㄹ		가

ㄱ		도	
	ㅅ	도	
ㅁ		도	
	ㅅ	도	
ㅂ		ㅅ	도

ㅂ	로			
ㅂ	로			
ㄱ		로		
	ㄷ	로		
ㄷ		로		
	ㅂ	로		
ㅇ		ㄱ	로	
	ㅇ	ㅂ	로	
ㅂ	ㄹ		로	
ㄷ		ㅅ		로

ㄱ		도	
	ㅅ	도	
ㅁ		도	
	ㅅ	도	
ㅂ		ㅅ	도

ㅇ	바		
	ㄴ	바	
	ㅅ	바	
ㅇ		ㄹ	바

ㅂ	보		
ㅇ		보	
	ㄱ	보	
ㄱ		ㅅ	보

성경구절 줄긋기

1. 동물과 관계된 사람들

1. 하와	㉠개미(잠6:6-8)
2. 발람	㉡나귀(민22:15-35)
3. 다니엘	㉢양(요1:29)
4. 나사로	㉣닭(마26:74)
5. 헤롯	㉤사자(단6:16-24)
6. 베드로	㉥큰물고기(욘1:17-2:1)
7. 솔로몬	㉦까마귀(왕상17:4)
8. 요나	㉧여우(눅13:31-32)
9. 예수	㉨개(눅16:21)
10. 엘리야	㉩뱀(창3:1)

2. 꿈꾼 자들

1. 요셉	㉠다른 길로 가라(마2:7,12)
2. 야곱	㉡무엇을 원하느냐(왕상3:5)
3. 박사들	㉢보리떡 한 덩어리(삿7:13)
4. 솔로몬	㉣별들이 절하더이다.(창37:)
5. 느브갓네살	㉤고생하였다(마27:17-19)
6. 요셉	㉥마게도냐로 와서 우리를 도우라(행16:9)
7. 바울	㉦번민하여 잠을 이루지 못하였다(단2:)
8. 빌라도부인	㉧그가 남의 아내임이다(창20:3)
9. 아비멜렉	㉨내가 너와 함께 하겠다(창28:10-12)
10. 기드온	㉩마리아 데려오기를 두려워 말라(마1:20)

3. 노래하는 사람들

1. 모세	㉠여호와는 나의 힘이요 노래시며(출15:2)
2. 마리아	㉡내가 찬송 받으실 여호와께 아뢰리니(삼하22:4)
3. 사가랴	㉢깰지어다 깰지어다 너는 노래할지어다(삿5:12)
4. 드보라	㉣나는 샤론의 수선화요 골짜기의 백합화로다(아2:1)
5. 다윗	㉤내 눈이 주의 구원을 보았사오니(눅2:20)
6. 한나	㉥지극히 높은 곳에서는 하나님께 영광이요(눅2:14)
7. 시므온	㉦내 영혼이 주를 찬양하며(눅1:46)
8. 솔로몬	㉧찬송하리로다 주 이스라엘의 하나님이여(눅1:68)
9. 천사	㉨내 마음이 여호와를 인하여 즐거워하며(삼상2:1)
10. 초대교회 교인들	㉩하나님을 찬미하며 또 온 백성에게 칭송을 받으며(행2:47)

4. 단어의 뜻

1. 메네메네데겔 우바르신	㉠구원하소서(마21:9)
2. 달리다굼	㉡주여 어서 오시옵소서(고전6:22)
3. 에바다	㉢소녀야 일어나거라(막5:4)
4. 엘리엘리 라마사박다니	㉣세어서 끝이 나고 달아서 부족하고 나뉘었다(단5:25)
5. 마라나타	㉤열려라(막7:34)
6. 랍오니	㉥보냄을 받았다(눅13:4)
7. 보아너게	㉦나의 하나님 나의 하나님 어찌하여 나를 버리시나이까(마27:46)
8. 호산나	㉧선생님(요20:16)
9. 골고다	㉨해골의 곳(마27:33)
10. 실로암	㉩우레의 아들(막3:17)

5. 별명이나 개명된 이름

1. 아브람	㉠베드로(막3:16)
2. 사래	㉡이스라엘(창32:28)
3. 사울	㉢벨드사살(단1:7)
4. 시몬	㉣보아너게(막3:17)
5. 야고보와 요한	㉤아브라함(창17:5)
6. 다니엘	㉥바울(행13:9)
7. 야곱	㉦사라(창17:15)
8. 요셉	㉧유스도,바사바(행1:23)
9. 로암미	㉨나의 백성이 아니다.(호1:9)
10. 미사엘	㉩메삭(단1:7)

6. 부부사이

1. 아굴라	㉠삽비라(행5:1)
2. 아나니아	㉡십보라(출2:16-21)
3. 이삭	㉢엘리사벳(눅1:6)
4. 모세	㉣고멜(호1:2)
5. 요셉	㉤리브가(창24:57-67)
6. 엘리멜렉	㉥브리스길라(행18:2)
7. 사가랴	㉦나오미(룻1:3)
8. 호세아	㉧하와(창2:24)
9. 아담	㉨마리아(마1:20)
10. 엘가나	㉩한나(삼상1:2)

7. 부모와 자녀

1. 아담과 하와	㉠사무엘(삼상1:24-28)
2. 노아	㉡이스르엘, 로루하마, 로암미(호1:4-9)
3. 엘가나와 한나	㉢가인, 아벨, 셋(창4:1)
4. 사가랴와 엘리사벳	㉣셈, 함, 야벳(창5:32)
5. 호세아와 고멜	㉤야고보와 요한(막3:17)
6. 아브라함과 사라	㉥디모데(딤후3:14)
7. 세베데와 살로메	㉦솔로몬(왕상1:30)
8. 다윗과 밧세바	㉧세례 요한(눅1:5)
9. 사울과 아히노암	㉨이스마엘, 이삭(창16:1-4, 21:2-3)
10. 유니게	㉩요나단(대상8:33)

8. 특별한 여인

1. 라합	㉠여사사(삿4:4-5)
2. 드보라	㉡초대교회의 여자 일군(롬16:1)
3. 다비다	㉢일곱 귀신에 사로 잡혔던 자(눅8:2)
4. 뵈뵈	㉣기생(수2:1-7)
5. 들릴라	㉤도르가라고도 불리운 여자로 죽었다 산 자(행9:40-41)
6. 막달라 마리아	㉥맨 처음 여자(창2:24)
7. 에스더	㉦84년을 과부로 지내다가 예수님을 만난 여자(눅2:36)
8. 다말	㉧사사 삼손을 꾀인 여자(삿16:4-20)
9. 하와	㉨왕후(에2:17)
10. 안나	㉩유대 가문의 대를 이은 여자(창38:12-30)

9. 나무와 관계된 사람들

1. 삭개오	㉠포도나무(요15:1)
2. 예수님	㉡로뎀나무(왕상19:4)
3. 엘리야	㉢뽕나무
4. 나다나엘	㉣박넝쿨(욘4:6)
5. 요나	㉤무화과(요2:48)
6. 모세	㉥떨기나무(출3:2)
7. 아담	㉦살구나무(창30:37)
8. 야곱	㉧상수리나무(삿6:11)
9. 기드온	㉨생명나무(창3:22-24)
10. 노아	㉩잣나무(창6:14)

10. 공통점 찾기

1. 예수와 요나	㉠이방신(왕상18:21, 왕하23:4)
2. 미리암과 나아만	㉡입맞춤(막14:44-45, 삼하20:9-10)
3. 다니엘과 요셉	㉢뺨을 맞음(왕상22:24, 마26:67)
4. 유다와 요압	㉣바람을 멈추게 함(마8:26, 욘1:15)
5. 요셉과 사가랴	㉤금 우상(단3:1, 출32:4)
6. 미가야와 예수	㉥돌에 맞아 죽음
7. 느부갓네살과 아론	㉦문둥병자(민12:10, 왕하5:27)
8. 세례 요한과 야고보	㉧천사가 나타남(마1:20, 눅1:3)
9. 바알과 아세라	㉨꿈을 해몽함(단2:25, 창41:25)
10. 스데반과 아간	㉩칼로 죽음(마14:10, 행12:2)

11. 살인한 사람들

1. 므나헴	㉠세례 요한
2. 예후	㉡요아스
3. 가인	㉢길르앗50명
4. 요압	㉣압살롬
5. 요사갈과 여호사바드	㉤아벨
6. 베가	㉥살룸
7. 여호야다	㉦아달랴
8. 헤롯	㉧베가(왕하15:30)
9. 야엘	㉨시스라
10. 호세아	㉩이세벨

12. 처음으로 사용한 사람들

1. 예수	㉠은잔(창44:2)
2. 마리아	㉡호지 않고 통으로 짠 속옷(요19:23)
3. 솔로몬	㉢군복 칼 활 띠(삼상18:4)
4. 도르가	㉣칼(창22:6)
5. 아브라함	㉤금 그릇(왕상10:21)
6. 요나단	㉥손으로 지은 속옷과 겉옷(행9:39)
7. 다윗	㉦수금과 통소 잡은 자(창4:21)
8. 바울	㉧가죽종이(딤후4:13)
9. 요셉	㉨물매(삼상17:40)
10. 유발	㉩향유(요12:3)

13. 교통수단

1. 예수	㉠나룻배(삼하19:18)
2. 다윗	㉡배(마4:21)
3. 리브가	㉢말(왕상20:20)
4. 엘리야	㉣노새(왕상1:33)
5. 야곱	㉤나귀(마21:7)
6. 아합	㉥수레(창45:18-19)
7. 솔로몬	㉦약대(창24:64)
8. 세베대	㉧헤엄쳐서(행27:43-44)
9. 바울과 함께 배에 탔던 자들	㉨회리바람(왕하2:11)
10. 벤하닷	㉩마차(왕상18:44)

14. 스승과 제자

1. 예수	㉠세베대의 아들들(눅19:8-9)
2. 엘리야	㉡발락(계2:14)
3. 가말리엘	㉢모세(출18:15-19)
4. 엘리	㉣요아스(왕하12:2)
5. 빌립	㉤아달랴(대하22:2-3)
6. 다윗	㉥엘리사(왕상19:19-21)
7. 이드로	㉦에디오피아 내시(행8:27-31)
8. 아하시야	㉧여호수아(민27:18-20)
9. 발람	㉨솔로몬(대하3:1-3)
10. 모세	㉩사무엘(삼상1:20-28)

15. 가족관계

1. 엘리사벳과 마리아	㉠형제(창35:24)
2. 엘가나와 한나	㉡자매(눅10:39)
3. 베냐민과 요셉	㉢부자(삼상9:3)
4. 룻과 나오미	㉣시어머니와 며느리(룻1:11-14)
5. 헤로디아와 헤롯	㉤할아버지와 손자(창27:1)
6. 마리아와 마르다	㉥모자(창34:1)
7. 아브라함과 에서	㉦부부(삼상1:8)
8. 레아와 디나	㉧시숙과 제수(막6:17)
9. 로이스와 디모데	㉨사촌(눅1:34-36)
10. 기스와 사울	㉩외할머니와 손자(딤후1:5)

16. 신체적인 특징을 가진 자들

1. 골리앗	㉠절뚝발이(삼하4:4)
2. 다윗	㉡눈이 빼어나고 얼굴이 아름답다(삼상16:12)
3. 압살롬	㉢소경(막10:46)
4. 에스더	㉣키가 작은 자(눅19:3)
5. 삼손	㉤비둔한 자(삿3:17)
6. 삭개오	㉥큰 힘이 있는 자(삿16:5-6)
7. 바디매오	㉦발바닥부터 정수리까지 흠이 없는 자(삼하14:25)
8.에서	㉧손에 털이 있는 자(창27:23)
9. 에글론	㉨용모가 곱고 아리따운 처녀(에2:7)
10. 므비보셋	㉩키가 여섯 규빗 한 뼘인 자(삼상17:4)

17. 직 업

1. 엘루마	㉠활쏘는 자(창21:10)
2. 아굴라와 브리스길라	㉡ 직조가(출38:23)
3. 오홀리압	㉢ 감역관(삼하20:24)
4. 이스마엘	㉣ 피장(행9:43)
5. 시몬	㉤ 찬송하는 자(대상6:33)
6. 마나에	㉥ 교사(행13:1)
7. 삭개	㉦ 천막 만드는 자(행18:3)
8. 헤만	㉧ 서기관(왕상4:3)
9. 데메드리오	㉨ 은장색(행19:24)
10. 엘리호렙	㉩ 세리장(눅19:1)

18. 동역자

1. 아굴라 ㉠요나단(삼상20:17)
2. 바나바 ㉡갈렙(민14:30)
3. 모세 ㉢롯(창13:1-5)
4. 그리스도인 ㉣야곱(창27:6-10)
5. 사무엘 ㉤아론(출5:20)
6. 여호수아 ㉥엘리(삼상2:11)
7. 야고보 ㉦바울(행9:26-31)
8. 아나니아 ㉧브리스길라(행18:26)
9. 다윗 ㉨하나님(고후6:1)
10. 리브가 ㉩삽비라(행5:1-10)

19. 어느 교회 성도인가?

1. 뵈뵈	㉠아시아(롬16:5)
2. 빌립	㉡고린도(행18:1-2)
3. 에바브라디도	㉢안디옥(행13:1)
4. 아나니아와 삽비라	㉣예루살렘(행5:1)
5. 아굴라와 브리스길라	㉤로마(롬16:10)
6. 에바브라	㉥가이사랴(행21:8)
7. 바나바	㉦골로새(골4:12)
8. 에배네도	㉧빌립보(빌4:18)
9. 마나엔	㉨안디옥(행13:1)
10. 아리스도불로	㉩마게도니아(행19:29)

20. 이름의 뜻은?

1. 예수	㉠하나님이 우리와 함께 하신다(마1:23)
2. 이스마엘	㉡전능자가 나를 심히 괴롭게 하셨음이라(룻1:20)
3. 가인	㉢네 고통을 들으셨음이니라(창16:11)
4. 유다	㉣찬송하리로다(창29:35)
5. 사라	㉤여호와로 말미암아 득남하였다(창4:1)
6. 골고다	㉥자기 백성을 저희 죄에서 구원할 자이심이라 (마1:23)
7. 마라	㉦열국의 어미(창17:16)
8. 임마누엘	㉧너희는 내 백성이 아니요 나는 너의 하나님이 아니다(호1:9)
9. 로암미	㉨하나님과 사람으로 더불어 겨루어 이기었다 (창32:28)
10. 이스라엘	㉩해골(마27:33)

21. 군대의 장관

1. 여호아난	㉠이스라엘왕 엘라의 군대장관(왕상16:16)
2. 비골	㉡바벨론 왕 느부갓네살의 시위대장(단2:14)
3. 시스라	㉢그랏 왕 아비멜렉의 군장(창21:22)
4. 아브넬	㉣압살롬의 군장(왕상2:32)
5. 요압	㉤사울의 군장(삼상17:55)
6. 아마사	㉥가나안 왕 야빈의 군장(삿4:7)
7. 오므리	㉦다윗 왕의 군장(삼하24:2)
8. 시므리	㉧유다 왕 웃시야의 군대장관(느7:2)
9. 하나냐	㉨유다 왕 여호사밧의 군장(대하17:14)
10. 아리옥	㉩이스라엘 왕 엘라의 군장(왕상16:9)

22. 누구의 말을 들었나?

1. 벨릭스	㉠드릴라(삿16:16-18)
2. 하와	㉡안드레(요1:41-42)
3. 모세	㉢뱀(사단)(창3:4-6)
4. 엘리사	㉣빌립(요1:46)
5. 베드로	㉤예레미야(렘38:19-20)
6. 아나니아	㉥엘리야(왕상19:20)
7. 나아만	㉦드보라(삿4:6)
8. 삼손	㉧여종(왕하5:1-4)
9. 시드기야	㉨이드로(출18:17-24)
10. 발락	㉩바울(행24:24)

23. 관계되는 장소는?

1. 예수	㉠성전(왕상6:14)
2. 랍바	㉡양 우리(겔25:5)
3. 아모스	㉢구역(왕하22:14)
4. 바울	㉣집 뜰(마26:58)
5. 솔로몬	㉤탑(창11:4)
6. 바벨	㉥곡간(눅12:18)
7. 어리석은 부자	㉦극장(행19:29)
8. 살룸의 아내	㉧여름궁, 겨울궁, 상아궁(암3:15)
9. 대제사장	㉨사관(눅2:7)
10. 시온의 딸	㉩망대(사1:8)

24. 세 사람과 관계되는 사람은?

1. 셈, 함, 야벳	㉠의인 세 사람(겔14:4)
2. 가인, 아벨, 셋	㉡예수님의 친구(요11:1)
3. 사드락, 메삭, 아벳느고	㉢노아의 세 아들(창5:32)
4. 노아, 다니엘, 욥	㉣바울이 세례준 세 사람(고전1:14·16)
5. 마르다, 마리아, 나사로	㉤풀무불 속의 세 사람(단3:22)
6. 모세, 아론, 미리암	㉥애굽 땅에서 인도 해낸 세 사람(미6:4)
7. 요나단, 아비나답, 말기수아	㉦사울왕의 세 아들(삼상31:2)
8. 엘리바스, 빌닷, 소발	㉧아담과 하와의 세 아들(창4:1-2 5:3)
9. 아디노, 엘르아살, 삼마	㉨욥의 세 친구(욥2:11)
10. 그리스보, 가이오, 스데바나	㉩다윗의 세 용사(삼하23:8-11)

25. 씻은 자들

1. 마리아	㉠몸 전체를 씻겨 달라던 자
2. 빌라도	㉡이 사람의 피에 대하여 나는 무죄하다며 손을 씻은자(마27:24)
3. 예수	㉢실로암 연못에 가서 씻은 자(요9:7)
4. 베드로	㉣목을 꺾은 암송아지 위에 손을 씻은 자들(신21:6-7)
5. 예레미야	㉤나를 씻기소서 내가 눈보다 희리로다 라고 한 자(시51:7)
6. 소경	㉥향유로 예수님의 발을 씻긴 자(요13:5)
7. 밧세바	㉦제자들의 발을 씻긴 자(요13:5)
8. 장로들	㉧마음의 악을 씻어 버리라 한 자(렘4:14)
9. 다윗	㉨눈 녹은 물로 몸을 씻고 잿물로 손을 깨끗이…(욥9:30-31)
10. 욥	㉩저녁때 목욕한 여인(삼하11:2)

26. 붙여진 이름은?

1. 도마	㉠사랑의 선지자(호3:1-5)
2. 루시퍼	㉡하나님과 동행 한 자(창5:22)
3. 예수	㉢타락한 천사(사14:12)
4. 예레미야	㉣눈물의 선지자(렘1:16)
5. 호세아	㉤지혜 있는 왕(왕상4:29)
6. 아브라함	㉥의심 많은 제자(요20:27)
7. 하와	㉦모든 산자의 어미(창3:20)
8. 유다	㉧하나님의 어린양(요1:29)
9. 솔로몬	㉨믿음의 조상(창17:4)
10. 에녹	㉩배반자(마10:4)

27. 몇 살인가?

1. 아브라함이 이삭을 낳은 때	㉠20세(레27:2)
2. 므두셀라는 몇 살까지 살았나?	㉡30세(눅3:23)
3. 성인으로 인정된 나이	㉢40세(창25:20)
4. 과부로 명부에 올리울 나이	㉣60세(레27:7)
5. 사람의 일반적 수명	㉤70-80세(시90:10)
6. 요셉과 여호수아는 몇 세까지 살았나	㉥100세(창21:5)
7. 아담은 몇 세까지 살았나?	㉦110세(창50:26, 수24:29)
8. 요아스가 왕위에 오른 나이는?	㉧7세(왕하11:21)
9. 예수께서 가르치심을 시작하신 나이는?	㉨930세(창5:5)
10. 이삭은 몇 세에 결혼을 하였나?	㉩969세(창5:27)

28. 선지자들

1. 예레미야	㉠사랑의 선지자(호3:1)
2. 이사야	㉡거짓 선지자(행13:6)
3. 다니엘	㉢눈물의 선지자(렘9:1)
4. 호세아	㉣대머리 선지자(왕하1:8)
5. 아모스	㉤도망갔던 선지자(욘1:3)
6. 학개	㉥포로중에 있던 선지자(단1:1 3-6)
7. 요나	㉦보좌에 앉으신 여호와를 뵌 자(사6:1-8)
8. 바예수	㉧목자이며 뽕나무 배양 자(암7:14)
9. 엘리사	㉨성전 재건에 대한 호소 자(학1:1-6)
10. 스바냐	㉩여호와의 날에 임할 심판 선언(습1:1-2:3)

29. 마 음

1. 사울	㉠돌같은 마음(삼상25:37)
2. 다윗	㉡강퍅한 마음(출7:3)
3. 솔로몬	㉢새마음(삼상10:9)
4. 압살롬	㉣온전한 마음(왕상15:14)
5. 나발	㉤즐거운 마음(삼상2:1)
6. 바로	㉥도적질하는 마음(삼하15:6)
7. 아사	㉦연한 마음(왕하22:19)
8. 벨사살	㉧지혜로운 마음(왕상3:9)
9. 한나	㉨교만한 마음(단5:2)
10. 요시아	㉩정직한 마음(왕상3:6)

30. 광주리와 관계된 자들

1. 바울	㉠머리를 광주리에 담음(왕하10:7)
2. 모세	㉡흰떡 세 광주리의 꿈을 꿈(창40:16)
3. 기드온	㉢아기 때 광주리에 담겨 하수에 떠내려감 (출3:2)
4. 요셉	㉣무교병 광주리에서 취해 요제를 드림 (출29:23-24)
5. 예레미야	㉤무교전병과 고기를 소쿠리에 담음 (삿6:19-21)
6. 아모스	㉥좋은 무화과와 악한 무화과 광주리 (렘24:2-3)
7. 떡 굽는 관원장	㉦여름 실과 한 광주리(암8:1-2)
8. 제사장	㉧세 광주리의 꿈을 해몽해 줌(창40:18)
9. 제자들	㉨남은 조각을 열 두 바구니에 담음(마14:20)
10. 예후	㉩광주리에 담아 성에서 달아 내려짐 (행9:24-25)

31. 누구와 관계된 말인가?

1. 내가 여기 있나이다 나를 보내소서	㉠솔로몬(전1:2)
2. 주여 보낼만한 자를 보내소서	㉡예레미야(렘1:6)
3. 나는 아이라 말할 줄을 알지 못하나이다	㉢이사야(사6:8)
4. 이제 내 생명을 취하소서	㉣다윗(시23:5)
5. 나의 구원의 하나님으로 인하여 기뻐하리로다	㉤모세(출4:13)
6. 우리를 치셨으나 싸매어 주실 것임이라	㉥호세아(호6:1)
7. 내 잔이 넘치나이다	㉦스데반(행7:59)
8. 헛되고 헛되며 헛되고 헛되니 모든 것이 헛되도다	㉧하박국(합3:18)
9. 주 예수여 내 영혼을 받으옵소서	㉨베드로(눅22:33)
10. 옥에도 죽는 데도 가기를 준비하였나이다	㉩요나(욘4:3)

32. 아침 일찍

1. 아브라함	㉠부친의 명을 따르기 위해(삼상17:20)
2. 야곱	㉡양털을 살펴보기 위해(삿6:36-38)
3. 모세	㉢소돔성의 멸망을 목도하기 위해(창19:27)
4. 여인들	㉣여호와를 경배하기 위하여(창28:18-22)
5. 욥	㉤시내산에서 하나님과 만남을 위해(출34:4)
6. 예수님	㉥번제를 드리기 위해(욥1:5)
7. 여호수아	㉦기도하시기 위해(막1:35)
8. 사무엘	㉧그리스도의 무덤에 가기 위해(막16:2)
9. 기드온	㉨요단강을 건너기 위하여(수3:1-17)
10. 다윗	㉩사울을 만나보기 위해(삼상15:12)

33. 예수께서 만난 사람들

1. 니고데모	㉠의롭과 경건하며 이스라엘의 위로를 기다리던 자(눅2:25)
2. 삭개오	㉡소경이었던 자(막10:46)
3. 나인성 과부	㉢집에 오심을 감당치 못하겠다고 한 자(마8:8)
4. 야이로의 딸	㉣밤중에 찾아온 사람(요3:1-2)
5. 백부장	㉤죽었던 청년을 살리심(눅7:11-17)
6. 바디매오	㉥네가 유대인의 왕이냐(요18:33)
7. 빌라도	㉦키가 작은 세리장(눅19:1-8)
8. 시므온	㉧회당장의 딸로 죽었다 살아난 자(눅8:41-56)
9. 나사로	㉨나는 남편이 없나이다(요4:17)
10. 수가성의 여인	㉩죽었다가 살아난 예수님의 친구(요11:1-44)

34. 기도하는 사람들

1. 아브라함	㉠기도를 가르쳐 주심(마6:9-13)
2. 예수	㉡조카를 위하여 기도함(창18:23-33)
3. 바울	㉢마가 요한의 집에서 교인들과 함께 기도함(행12:13)
4. 모세	㉣병든 자를 위하여 기도하라.(약5:13)
5. 로데	㉤복에 복을 더하여 달라고 기도함(대상4:10)
6. 야고보	㉥무릎을 꿇고 크게 울며 목을 안고 입을 맞춤(행20:36-38)
7. 한나	㉦아들을 얻기 위하여 기도함(삼상1:12)
8. 야베스	㉧기도를 들으시고 백성들을 고치심(대하30:20)
9. 사무엘	㉨내 이름을 지워 버려 주옵소서(출32:32)
10. 히스기야	㉩기도하기를 쉬는 죄를 범하지 않겠다(삼상12:23)

35. 교 회

1. 안디옥	㉠처음 사랑을 버렸다(계2:4)
2. 에베소	㉡내 입에서 너를 토하여 내치리라(계3:16)
3. 서머나	㉢처음으로 그리스도인이라고 불리움(행11:26)
4. 두아디라	㉣핍박이 있어 흩어짐(행8:1)
5. 사데	㉤죽도록 충성하라(계2:10)
6. 빌라델비아	㉥살았다하는 이름을 가졌으나 죽은 자로다(계3:1)
7. 라오디게아	㉦발람의 교훈을 지키는 자들이 있다(계2:14)
8. 버가모	㉧이세벨을 네가 용납함이라(계2:20)
9. 예루살렘	㉨나의 인내의 말씀을 지켰은즉(계3:10)
10. 고린도	㉩너희 가운데 분쟁이 있다는 것이라(고전1:11)

36. 잠 언

1. 여호와를 경외하는 것이 지식의 근본이거늘	㉠그리하면 그 길을 지도하시리라(3:6)
2. 대저 정직한 자는 땅에 거하며	㉡완전한 자는 땅에 남아 있느니라(2:21)
3. 너는 범사에 그를 인정하라	㉢오직 여호와를 경외하는 여자는 칭찬을 받을 것이라(31:30)
4. 지혜를 버리지 말라 그가 너를 보호하리라	㉣거룩하신 자를 아는 것이 철이니라(9:10)
5. 네 샘으로 복되게 하라	㉤네가 어느 때에 잠이 깨어 일어나겠느냐(6:9)
6. 게으른 자여 네가 어느 때까지 눕겠느냐	㉥악인의 소득은 죄에 이르느니라(10:16)
7. 여호와를 경외하는 것이 지혜의 근본이요	㉦과격한 말은 노를 격동하느니라(15:1)
8. 의인의 수고는 생명에 이르고	㉧네가 젊어서 취한 아내를 즐거워하라(5:18)
9. 유순한 대답은 분노를 쉬게 하여도	㉨미련한 자는 지혜와 훈계를 멸시하느니라(1:7)
10. 고운 것도 거짓되고 아름다운 것도 헛되나	㉩그를 사랑하라 그가 너를 지키리라(4:6)

37. 계곡, 골짜기

1. 싯딤	㉠바알 우상을 만들고 자녀를 불사름(대하28:1-3)
2. 에스골	㉡아마샤가 에돔사람 일 만을 죽인 곳(왕하14:7)
3. 아골	㉢들릴라의 고향(삿16:4)
4. 소렉	㉣요시야가 변장을 한 곳(대하35:22-23)
5. 엘라	㉤나봇의 포도원이 있는 곳(왕하21:1)
6. 염곡	㉥여호사밧이 여호와를 송축한 곳(대하20:25-26)
7. 이스르엘	㉦돌무더기를 쌓은 곳(수7:24)
8. 브라가	㉧포도송이를 벤 곳(민13:23)
9. 므깃도	㉨다윗이 골리앗을 죽인 곳(삼상17:19)
10. 힌놈	㉩역청 구덩이가 많은 곳(창14:10)

38. 병 자

1. 문둥병자	㉠요단강에 일곱 번 몸을 씻으라(왕하5:10)
2. 앉은뱅이	㉡나사렛 이름으로 일어나 걸으라(행3:6)
3. 맹인	㉢안식일에 병 고쳐 주는 것이 합당하냐 아니하냐 (눅14:2-3)
4. 중풍병자	㉣그 아이에게서 나오고 다시 들어가지 말라(막9:25)
5. 폐병과 열병	㉤딸아 안심하라 네 믿음이 너를 구원하였다 (마9:20-22)
6. 상사병	㉥실로암 못에 가서 씻으라(요9:11)
7. 헌데(피부병)	㉦개들이 와서 핥더라(눅16:20)
8. 귀머거리	㉧소자야 네 죄사함을 받았느니라(막2:5)
9. 고창병	㉨건포도로 내 힘을 돕고 사과로 나를 시원케 하라 (아2:5)
10. 혈루증	㉩눈이 어둡고 생명이 쇠약하게 될 것이요(레26:16)

39. 옷

1. 삼손	㉠바울의 겉옷을 보관해 둠(딤후4:13)
2. 요셉	㉡예수님의 겉옷을 제비뽑음(요1:24)
3. 다윗	㉢수수께기를 푸는 자에게 겉옷 삼십 벌을 주기로 함(삿14:12)
4. 엘리사	㉣매년 겉옷을 지어줌(삼상2:19)
5. 요나단	㉤겉옷으로 요단강을 가름(왕하2:8-14)
6. 혈루증 여인	㉥과부들에게 겉옷과 속옷을 지어 줌(행9:36-40)
7. 드로아 가보	㉦자기의 겉옷을 줌(삼상18:4)
8. 로마군인	㉧사울의 옷자락을 벰(삼상24:4)
9. 다비다	㉨예수님의 겉옷을 만짐(마9:20)
10. 한나	㉩채색 옷을 입음(창37:3)

40. 노략, 노략물

1. 삼손	㉠세겜의 집을 노략함(창34:27)
2. 다윗	㉡롯을 사로잡고 노략함(창14:12)
3. 야곱의 아들들	㉢이글론 사람 삼십명을 죽이고 노략함 (삿14:19)
4. 아간	㉣적군을 치고 크게 노략함(삼하3:22)
5. 아사가구스	㉤노략한 물건을 도적질함(수8:27)
6. 다윗의 신복들과 요압	㉥사람을 추격하여 노략함(대하14:13)
7. 아사왕 때	㉦노략물로써 제사를 드림(대하15:11)
8. 엘리사 때	㉧소바를 치고 노략함(삼하8:12)
9. 산지의 왕들	㉨백성들이 아람 진영을 노략함(왕하7:16)
10. 이스라엘	㉩아이성을 노략함(수7:21)

41. 복수한 사람들

1. 이세벨	㉠사도들을 없이 하고자 함(행5:33)
2. 아합	㉡미가야에 대하여(왕상22:27)
3. 하만	㉢장인이 아내를 동무되었던 자에 줌(삿15:4-7)
4. 시므온과 레위	㉣자기 동생 아사헬을 인함으로(삼하3:27)
5. 삼손	㉤유대인 민족을 다 멸하려 함(에3:6)
6. 요압	㉥누이 디나로 인하여 세겜 사람을 죽임(창34:25)
7. 압살롬	㉦유다족속을 쳐 원수를 갚음(겔25:12)
8. 에돔 사람들	㉧엘리야에 대하여(왕상19:2)
9. 유대인들	㉨스데반을 돌로 쳐 죽임(행7:54-59)
10.대제사장들	㉩누이 다말을 욕보인 암논을 살해함 (삼하13:23-29)

42. 열 매

1. 태의 열매	㉠먹으며 자기 꾀에 배부르리라(잠1:31)
2. 행위의 열매	㉡앗수르 왕의 완악함(사10:12)
3. 입술의 열매	㉢자식은 여호와의 주신 기업이요(시127:3)
4. 손의 열매	㉣죄의 정욕이 우리 지체 중에 역사함 (롬7:5)
5. 마음의 열매	㉤성문에서 칭찬을 받으리라(잠31:31)
6. 의인의 열매	㉥모든 착함과 의로움과 진실함에 있다 (엡5:9)
7. 선한 열매	㉦생명나무라(잠11:30)
8. 빛의 열매	㉧속으로 아브라함이 우리 조상이라 말라 (눅3:8)
9. 회개에 합당한 열매	㉨성결하고 화평하고 관용하고 양순하며 긍휼(약3:17)
10. 사망의 열매	㉩찬미의 제사

43. 사 사

1. 옷니엘	㉠300용사(삿7:8)
2. 에훗	㉡왼손잡이(삿3:20)
3. 삼갈	㉢갈렙의 아우 그나스의 아들(삿3:9)
4. 드보라	㉣머리에 삭도를 대어 힘을 잃음(삿16:20)
5. 기드온	㉤소모는 막대기(삿3:31)
6. 돌라	㉥랍바돗의 아내 여선지(삿4:4)
7. 야일	㉦도도의 손자 부아의 아들(삿10:1)
8. 입다	㉧서원기도함(삿11:30)
9. 입산	㉨아들 삼십에 어린 나귀 삼십 성읍 삼십 (삿10:4)
10. 삼손	㉩아들 삼십과 딸 삼십(삿12:9)

44. 제단을 쌓은 자들

1. 노아	㉠다듬지 않은 돌로 여호와의 단을 쌓음(신27:6)
2. 아브라함	㉡단을 쌓고 그 이름을 여호와 닛시라함(출17:15)
3. 이삭	㉢아세라 나무로 번제를 드림(삿6:26)
4. 야곱	㉣단을 쌓고 엘엘로헤 이스라엘이라함(창33:18-20)
5. 모세	㉤불꽃이 단에서부터 하늘로 올라감(삿13:19-20)
6. 여호수아	㉥이 땅을 네 자손에게 주리라 하신 곳에 단을 쌓음(창12:7)
7. 기드온	㉦그가 여호와를 위하여 처음 쌓은 단(삼상14:35)
8. 마노아	㉧여호와의 이름을 부르고 장막을 침(창26:25)
9. 사무엘	㉨라마에 돌아와 이스라엘을 다스렸고 단을 쌓음(삼상7:17)
10. 사울	㉩정결한 짐승과 새 중에서 취해 번제 드림(창8:20)

45. 목자에 비유된 인물들

1. 야곱	㉠말째가 남았는데 그가 양을 지키나이다 (삼상16:11)
2. 그리스도	㉡회중으로 목자 없는 양과 같이 되지 않게 합소서 (민27:17)
3. 아벨	㉢양의 첫새끼와 기름으로 여호와께 드림(창4:4)
4. 롯	㉣나는 목자라 나의 모든 기쁨을 성취하리라 (사44:28)
5. 요셉	㉤내 목자나 네 목자나 서로 다투게 말자. (창13:6-8)
6. 모세	㉥나는 선한 목자라(요10:11)
7. 여호수아	㉦양 무리를 치되 부득이함으로 하지 말고 (약5:1-3)
8. 다윗	㉧십 칠세 소년으로 양을 침(창37:2)
9. 고레스	㉨양 무리를 인도하려 호렙 산에 이름(출3:1)
10. 교회의 장로	㉩양떼를 먹이고 지키리이다(창30:31)

46. 사도행전에 나오는 사람들의 직분

1. 안나스	㉠황제(행25:26)
2. 니가노르	㉡에디오피아 여왕(행8:27)
3. 아그립바	㉢대제사장(행4:6)
4. 엘루마	㉣변사(행24:1)
5. 간다게	㉤자주장사(행16:14)
6. 루디아	㉥이달리야대의 군대 백부장(행10:1)
7. 고넬료	㉦총독(행13:7)
8. 서기오 바울	㉧박수(행13:8)
9. 더둘로	㉨집사(행6:5)
10. 그리스보	㉩회당장(행18:8)

47. 기 적

1. 사무엘	㉠빈그릇에 기름을 채움(왕하4:2-6)
2. 엘리야	㉡해와 달이 멈춤(수10:12-14)
3. 이사야	㉢양털만 적심(삿6:36-40)
4. 엘리사	㉣바다가 갈라짐(출14:26-28)
5. 모세	㉤우레와 비가 내림(삼상12:18)
6. 바울	㉥물러간 일영표(왕하20:11)
7. 베드로	㉦앉은뱅이를 고침(행3:7)
8. 빌립	㉧유두고를 소생시킴(행20:10)
9. 여호수아	㉨가뭄(왕상17:1)
10. 기드온	㉩주의 영이 이끌어 감(행8:38)

48. 물과 관련된 자

1. 예수	㉠홍수와 방주(창7:20)
2. 엘리사	㉡물로 포도주를 만드심(요2:1-11)
3. 노아	㉢요단강이 갈라짐(수3:14-17)
4. 베드로	㉣반석에서 물이 나옴(출17:1-7)
5. 제사장들과 법궤	㉤도끼가 물 위에 뜸(왕하6:5-7)
6. 모세	㉥물 위로 걸어감(마14:29)
7. 엘리야	㉦도랑물이 마름(왕상18:38)
8. 하갈	㉧레히에서 물이 솟음(삿15:17-19)
9. 삼손	㉨물이 있으니 내가 세례를 받음에 무슨 거리낌(행8:37)
10. 내시	㉩눈을 밝히매 샘물을 봄(창21:19)

49. 전 도 자

1. 빌립	㉠니느웨가 무너지리라(욘3:4)
2. 디모데	㉡사마리아 성에서 백성에게 전함(행8:5)
3. 요나	㉢학문이 많고 성경에 능한 자(행18:24-25)
4. 노아	㉣의를 전파함(벧후2:5)
5. 아볼로	㉤옥중에서 찬미하고 기도함(행16:25)
6. 바울과 바나바	㉥내 입에서 복음의 말씀을 들어(행15:7)
7. 바울과 실라	㉦전도인의 일을 하며 네 직무를 다하라 (딤후4:5)
8. 베드로	㉧편지를 받아 가지고 두루 다니며 전함 (대하30:6)
9. 스데반	㉨지혜와 성령으로 말함(행6:10)
10. 히스기야의 사신	㉩유대인의 회당에서 전할새(행13:1-5)

50. 열 둘과 관계 되는 것

1. 야곱	㉠열 두 진주(계21:21)
2. 이스마엘	㉡열 두 방백(창17:20)
3. 모세	㉢제단에 세운 열 두 기둥(출24:4)
4. 제사장	㉣흉배의 열 두 보석(출28:21)
5. 여호수아	㉤열 두 바구니(요6:13)
6. 솔로몬 보좌	㉥새 옷을 열 두 조각으로 찢음(왕상11:30)
7. 아히야	㉦열 두 제자(마10:2)
8. 보리떡	㉧요단에 세운 열 두 돌(수4:9)
9. 예수님	㉨새겨진 열 두 사자(왕상10:20)
10. 예루살렘 성문	㉩열 두 아들(창35:22)

51. 매매한 자들

1. 야곱의 형제들	㉠장자의 명분(창25:33)
2. 가룟유다	㉡친동생(창37:27)
3. 야곱	㉢예수(요18:5)
4. 보아스	㉣땅(창47:20)
5. 요셉	㉤토기장이의 밭(마27:7)
6. 제사장	㉥아내(룻4:10)
7. 마리아	㉦베옷(잠31:24)
8. 바나바	㉧비둘기(막11:15)
9. 성전에서 매매하는 자	㉨향유(요12:1-8)
10. 현숙한 여인	㉩밭(행4:37)

52. 술과 관계된 자는?

1. 집사	㉠술에 취하여 벗은 것을 몰랐던 자는?(창9:24)
2. 마리아	㉡술에 취하여 두 딸들과 관계를 가진 자는?(창19:30)
3. 감독	㉢압살롬은 누가 술로 즐거워 할 때를 자세히 보다가 치라 할 때 죽이라 했나?(삼하13:28)
4. 느헤미야	㉣아닥사스다 왕때에 술 관원이었던 자는?(느1:11)
5. 노아	㉤누구에게 섞은 술을 가득히 붓는다 하였나?(사65:11)
6. 롯	㉥혼인잔치에서 누가 예수의 말씀대로 하라 하여 물이 포도주가 되었나?(요2:1-10)
7. 벨사살	㉦저희가 새 술에 취하였다 할 때 아니라 한 자는?(행2:13)
8. 므니	㉧어떤 자는 술에 인 박히지 말아야 하는가?(딤전3:8)
9. 암논	㉨어떤 자들은 술을 즐기지 말아야 하는가?(딤전3:3)
10. 베드로	㉩누가 일천 명 앞에서 술을 마셨는가?(단5:1)

[정답]

인물퀴즈

1. 다윗	2. 가인	3. 가야바	4. 갈렙
5. 유다	6. 바울	7. 야고보	8. 에훗
9. 요셉	10. 예레미야	11. 누가	12. 노아
13. 기드온	14. 나단	15. 고넬료	16. 고멜
17. 도마	18. 발람	19. 베냐민	20. 실라
21. 하와	22. 여호람	23. 엘리사벳	24. 엘리
25. 에스라	26. 야곱	27. 에녹	28. 안나
29. 압살롬	30. 아비가일	31. 골리앗	32. 스데반
33. 살로메	34. 삼손	35. 뵈뵈	36. 베드로
37. 보아스	38. 에스더	39. 요나	40. 욥
41. 요한	42. 이세벨	43. 히스기야	44. 도르가
45. 고라	46. 니고데모	47. 다말	48. 느헤미야
49. 다니엘	50. 드보라	51. 빌라도	52. 사라
53. 사울	54. 삽비라	55. 시드기야	56. 아벨
57. 아볼로	58. 아합	59. 엘리사	60. 요나단
61. 스불론	62. 솔로몬	63. 세례 요한	64. 사무엘
65. 미리암	66. 밧세바	67. 바나바	68. 바울
69. 라합	70. 디나	71. 라반	72. 디모데
73. 아브라함	74. 아비멜렉	75. 에서	76. 에스겔
77. 에브라임	78. 엘리야	79. 여호수아	80. 와스디
81. 요게벳	82. 헤롯	83. 호세아	84. 하만

85. 하갈	86. 이삭	87. 이사야	88. 요시야
89. 요셉	90. 오르바	91. 여로보암	92. 아론
93. 아담	94. 스룹바벨	95. 사가랴	96. 미갈
97. 모세	98. 마태	99. 멜기세덱	100. 마르다
101. 엘가나	102. 엘르아살	103. 라멕	104. 데마
105. 가말리엘	106. 게하시	107. 고라	108. 보아스
109. 사독	110. 빌립	111. 빌레몬	112. 디도
113. 데마	114. 니므롯	115. 나사로	116. 히람
117. 하갈	118. 이새	119. 올리오	120. 우리아
121. 나단	122. 마리아	123. 삭개오	124. 브사렐
125. 바라바	126. 바르실래	127. 모르드개	128. 루디아
129. 느부갓네살	130. 바아사		

인물 퀴즈(2명 이상)

131. 나답과 아비후	132. 홉니와 비느하스
133. 아굴라와 브리스길라	134. 여호수아와 갈렙
134. 아론과 홀	136. 아나니아와 삽비라
137. 사드락, 메삭, 아벳느고	138. 엘리바스, 빌닷, 소발
139. 바울과 실라	140. 야고보와 요한
141. 마르다와 마리아	142. 요셉과 마리아
143. 나오미와 룻	144. 레아와 라헬
145. 다윗과 요나단	146. 요셉과 베냐민
147. 에서와 야곱	148. 아브라함과 롯
149. 산발랏과 도비야	150. 요셉과 맛디아

인물 퀴즈 (동명이인)

151. 들라야	152. 르바야	153. 마아세야	154. 마아가
155. 요사밧	156. 하나니	157. 이스마엘	158. 유다
159. 웃사	160. 여레뭇	161. 에리아심	162. 엘리에셀
163. 엘리엘	164. 엘가나	165. 아사랴	166. 아비야
167. 아마랴	168. 시몬	169. 사그리	170. 스라야

지명찾기 – **어디일까요?**

1. 가나	2. 힌놈의 골짜기	3. 나사렛	4. 다메섹
5. 라마	6. 막벨라	7. 바벨	8. 사데
9. 아골	10. 하란	11. 이스르엘	12. 사마리아
13. 버가모	14. 미스바	15. 가버나움	16. 베들레헴
17. 벧엘	18. 예루살렘	19. 안디옥	20. 에덴
21. 가데스바네아	22. 갈릴리	23. 갈멜산	24. 감람산
25. 겟세마네동산	26. 고린도	27. 길갈	28. 길르앗
29. 데살로니가	30. 두로	31. 드고아	32. 베다니
33. 벳세다	34. 브엘세바	35. 빌립보	36. 시내산
37. 시온	38. 에베소	39. 요단강	40. 헤브론

무엇일까요?

1. 할례	2. 만나	3. 뱀	4. 겉옷
5. 귀	6. 연기	7. 총독	8. 집
9. 지팡이	10. 여우	11. 말씀	12. 은과 금
13. 불꽃	14. 뼈	15. 육신	16. 방언
17. 뼈	18. 사랑	19. 지식	20. 궁핍
21. 여자	22. 영광	23. 교회	24. 충성
25. 송아지	26. 선물	27. 서원	28. 목숨
29. 기도	30. 면류관	31. 춤	32. 땅
33. 동풍	34. 용서	35. 성경	36. 은혜
37. 믿음	38. 불	39. 선생	40. 언약궤
41. 제자	42. 까마귀	43. 간사	44. 간음
45. 감사	46. 겸손	47. 계명	48. 고난
49. 고생	50. 교회	51. 광주리	52. 교만
53. 그리스도	54. 금	55. 기도	56. 나귀
57. 나팔	58. 눈물	59. 다락	60. 도끼
61. 돼지	62. 마귀	63. 말씀	64. 맷돌
65. 돌	66. 문	67. 방언	68. 배
69. 뱀	70. 복음	71. 아멘	72. 아버지
73. 안수	74. 우물	75. 제사	76. 영생
77. 예언	78. 왕	79. 친구	80. 위로
81. 육체	82. 율법	83. 은사	84. 음성
85. 이삭	86. 인내	87. 인자	88. 반석
89. 떡	90. 자랑		

순서찾기

1. ㉠㉢㉡㉣	2. ㉠㉢㉡㉣	3. ㉢㉡㉣㉠	4. ㉡㉣㉠㉢
5. ㉢㉣㉡㉠	6. ㉡㉣㉢㉠	7. ㉡㉣㉢㉠	8. ㉣㉡㉠㉢
9. ㉠㉢㉡㉣	10. ㉢㉡㉣㉠	11. ㉡㉣㉢㉠	12. ㉡㉣㉠㉢
13. ㉡㉣㉢㉠	14. ㉠㉣㉢㉡	15. ㉡㉠㉣㉢	16. ㉡㉢㉠㉣
17. ㉢㉡㉠㉣	18. ㉡㉢㉣㉠	19. ㉣㉡㉢㉠	20. ㉠㉡㉣㉢
21. ㉠㉡㉢㉣	22. ㉣㉡㉢㉠	23. ㉢㉡㉣㉠	24. ㉡㉣㉢㉠
25. ㉣㉢㉡㉠	26. ㉣㉢㉠㉡	27. ㉡㉢㉠㉣	28. ㉡㉠㉣㉢
29. ㉢㉠㉡㉣	30. ㉡㉢㉠㉣	31. ㉠㉢㉣㉡	32. ㉣㉠㉡㉢
33. ㉠㉡㉣㉢	34. ㉢㉣㉡㉠	35. ㉡㉠㉢㉣	36. ㉡㉠㉢㉣
37. ㉣㉢㉡㉠	38. ㉣㉠㉢㉡	39. ㉢㉣㉡㉠	40. ㉡㉠㉢㉣

숫자찾기

1. 12	2. 10	3. 7	4. 2
5. 6	6. 3	7. 4	8. 8
9. 4	10. 40	11. (5000÷100)+29−13=66	

성경단어찾기

① 교회	② 구원	③ 그리스도	④ 감사	⑤ 기도
⑥ 가나	⑦ 교만	⑧ 가인	⑨ 기드온	⑩ 길
① 노아	② 니느웨	③ 니고데모	④ 나사로	⑤ 나단

⑥ 나훔	⑦ 나팔	⑧ 나사렛	⑨ 나실인	⑩ 느헤미야
① 다윗	② 도르가	③ 다니엘	④ 달리다굼	⑤ 다말
⑥ 다소	⑦ 디모데	⑧ 도마	⑨ 독수리	⑩ 드보라
① 로마	② 라합	③ 라헬	④ 레아	⑤ 롯
⑥ 룻	⑦ 르우벤	⑧ 마태	⑨ 모르드개	⑩ 미리암
① 모세	② 미리암	③ 믿음	④ 마음	⑤ 말세
⑥ 머릿돌	⑦ 미갈	⑧ 목자	⑨ 물	⑩ 문설주
① 바울	② 밧세바	③ 바로	④ 바예수	⑤ 바나바
⑥ 밧모섬	⑦ 방언	⑧ 베들레헴	⑨ 보디발	⑩ 복음
① 사도	② 사랑	③ 사마리아	④ 사두개인	⑤ 사무엘
⑥ 서머나	⑦ 성결	⑧ 성경	⑨ 성령	⑩ 세마포
① 예수	② 아멘	③ 야긴	④ 야고보	⑤ 여호와
⑥ 아브라함	⑦ 엘리야	⑧ 야곱	⑨ 엘리사벳	⑩ 요셉
① 자유	② 전신갑주	③ 제사	④ 주	⑤ 죄
⑥ 지식	⑦ 지혜	⑧ 진리	⑨ 종	⑩ 제자
① 찬송	② 창조	③ 천사	④ 초막절	⑤ 충만
⑥ 칭찬	⑦ 친	⑧ 청결	⑨ 천국	⑩ 책망
① 칼	② 쾌락	③ 큰 물고기	④ 타국인	⑤ 탄식
⑥ 태초	⑦ 토색	⑧ 투기	⑨ 티끌	⑩ 턱뼈
① 파도	② 파멸	③ 파송	④ 판단	⑤ 팥죽
⑥ 편지	⑦ 평안	⑧ 포도주	⑨ 풋대	⑩ 피
① 하나님	② 하나냐	③ 한나	④ 할례	⑤ 항아리
⑥ 해골	⑦ 해산	⑧ 행복자	⑨ 향로	⑩ 형통

사도행전 빈칸 채우기

아	시	아			
수	리	아			
루	시	아			
갈	대	아			
스	토	아			
루	디	아			
드	로	아			
무	시	아			
수	라	아			
갈	대	아			
루	시	아			
갈	라	디	아		
브	르	기	아		
밤	빌	리	아		
길	르	기	아		
사	마	리	아		
아	나	니	아		
앗	달	리	아		
비	시	디	아		
겐	그	리	아		
에	디	오	피	아	
루	가	오	니	아	아
알	렉	산	드	리	아

직	가			
마	가			
버	가			
도	르	가		
데	살	로	니	가

고	린	도	
아	소	도	
밀	레	도	
베	스	도	
블	라	스	도

바	로			
부	로	로		
구	브	로		
베	드	로		
더	둘	로		
아	볼	로		
유	라	굴	로	
데	오	빌	로	
브	로	고	로	로
디	오	스	구	로

실	라			
아	굴	라		
니	골	라		
삽	비	라		
루	스	드	라	
두	아	디	라	
브	리	스	길	라

욥	바		
바	나	바	
바	사	바	
아	그	립	바

바	보		
아	가	보	
야	고	보	
그	리	스	보

성경구절 줄긋기

1. 1.㉩2.㉡3.㉤4.㉨5.㉧6.㉣7.㉠8.㉥9.㉢10.㉦
2. 1.㉣2.㉨3.㉠4.㉡5.㉦6.㉩7.㉥8.㉤9.㉧10.㉢
3. 1.㉠2.㉦3.㉧4.㉢5.㉡6.㉨7.㉤8.㉣9.㉥10.㉩
4. 1.㉣2.㉢3.㉤4.㉦5.㉡6.㉧7.㉩8.㉠9.㉨10.㉥
5. 1.㉤2.㉦3.㉥4.㉠5.㉣6.㉢7.㉡8.㉧9.㉨10.㉩
6. 1.㉥2.㉠3.㉤4.㉡5.㉨6.㉦7.㉢8.㉣9.㉧10.㉩
7. 1.㉢2.㉣3.㉠4.㉧5.㉡6.㉨7.㉤8.㉦9.㉩10.㉥
8. 1.㉣2.㉠3.㉤4.㉡5.㉧6.㉢7.㉨8.㉩9.㉥10.㉦
9. 1.㉢2.㉠3.㉡4.㉤5.㉣6.㉥7.㉨8.㉦9.㉧10.㉩
10. 1.㉣2.㉦3.㉨4.㉡5.㉧6.㉢7.㉤8.㉩9.㉠10.㉥
11. 1.㉥2.㉩3.㉤4.㉣5.㉡6.㉢7.㉦8.㉠9.㉨10.㉧
12. 1.㉡2.㉩3.㉤4.㉥5.㉣6.㉢7.㉨8.㉧9.㉠10.㉦
13. 1.㉤2.㉠3.㉦4.㉨5.㉥6.㉩7.㉣8.㉡9.㉧10.㉢
14. 1.㉠2.㉥3.㉣4.㉩5.㉦6.㉨7.㉢8.㉤9.㉡10.㉧
15. 1.㉨2.㉦3.㉠4.㉣5.㉧6.㉡7.㉤8.㉥9.㉩10.㉢
16. 1.㉩2.㉡3.㉦4.㉨5.㉥6.㉣7.㉢8.㉧9.㉤10.㉠
17. 1.㉢2.㉦3.㉡4.㉠5.㉣6.㉥7.㉩8.㉤9.㉨10.㉧
18. 1.㉧2.㉦3.㉤4.㉨5.㉥6.㉡7.㉢8.㉩9.㉠10.㉣
19. 1.㉤2.㉥3.㉧4.㉣5.㉡6.㉦7.㉢8.㉠9.㉨10.㉩
20. 1.㉥2.㉢3.㉤4.㉣5.㉦6.㉩7.㉡8.㉠9.㉧10.㉨

21. 1.㉨2.㉢3.㉥4.㉤5.㉦6.㉣7.㉠8.㉩9.㉧10.㉡

22. 1.㉩2.㉢3.㉨4.㉥5.㉡6.㉣7.㉧8.㉠9.㉤10.㉦

23. 1.㉨2.㉡3.㉧4.㉦5.㉠6.㉤7.㉥8.㉢9.㉣10.㉩

24. 1.㉢2.㉧3.㉤4.㉠5.㉡6.㉥7.㉦8.㉨9.㉩10.㉣

25. 1.㉥2.㉡3.㉦4.㉠5.㉧6.㉢7.㉩8.㉣9.㉤10.㉨

26. 1.㉥2.㉢3.㉧4.㉣5.㉠6.㉨7.㉦8.㉩9.㉤10.㉡

27. 1.㉥2.㉩3.㉠4.㉣5.㉤6.㉦7.㉨8.㉧9.㉡10.㉢

28. 1.㉢2.㉦3.㉥4.㉠5.㉧6.㉨7.㉤8.㉡9.㉣10.㉩

29. 1.㉢2.㉩3.㉧4.㉥5.㉠6.㉡7.㉣8.㉨9.㉤10.㉦

30. 1.㉩2.㉢3.㉤4.㉧5.㉥6.㉦7.㉡8.㉣9.㉨10.㉠

31. 1.㉢2.㉤3.㉡4.㉩5.㉧6.㉥7.㉣8.㉠9.㉦10.㉨

32. 1.㉢2.㉣3.㉤4.㉧5㉥.6.㉦7.㉨8.㉩9.㉡10.㉠

33. 1.㉣2.㉦3.㉤4.㉧5.㉢6.㉡7.㉥8.㉠9.㉩10.㉨

34. 1.㉡2.㉠3.㉥4.㉨5.㉢6.㉣7.㉦8.㉤9.㉩10.㉧

35. 1.㉢2.㉠3.㉤4.㉧5.㉥6.㉨7.㉡8.㉦9.㉣10.㉩

36. 1.㉨2.㉡3.㉠4.㉩5.㉧6.㉤7.㉣8.㉥9.㉦10.㉢

37. 1.㉩2.㉧3.㉦4.㉢5.㉨6.㉡7.㉤8.㉥9.㉣10.㉠

38. 1㉠.2㉡.3.㉥4.㉧5.㉩6.㉨7.㉦8.㉣9.㉢10.㉤

39. 1.㉢2.㉩3.㉧4.㉤5.㉦6.㉨7.㉠8.㉡9.㉥10.㉣

40. 1.㉢2.㉧3.㉠4.㉤5.㉥6.㉣7.㉦8.㉨9.㉡10.㉩

41. 1.㉧2.㉡3.㉤4.㉥5.㉢6.㉣7.㉩8.㉦9.㉨10.㉠

42. 1.㉢2.㉠3.㉩4.㉤5.㉡6.㉦7.㉨8.㉥9.㉧10.㉣

43. 1.㉢2.㉡3.㉤4.㉥5.㉠6㉦.7.㉨8.㉧9.㉩10.㉣

44. 1.㉩2.㉥3.㉧4.㉣5.㉡6.㉠7.㉢8.㉤9.㉨10.㉦

45. 1.㉩2.㉥3.㉢4.㉤5.㉧6.㉨7.㉡8.㉠9.㉣10.㉦

46. 1.㉢2.㉨3.㉠4.㉧5.㉡6.㉤7.㉥8.㉦9.㉣10.㉩

47. 1.㉤2.㉨3.㉥4.㉠5.㉣6.㉧7.㉦8.㉩9.㉡10.㉢

48. 1.㉡2.㉤3.㉠4.㉥5.㉢6.㉣7.㉦8.㉩9.㉧10.㉨

49. 1.㉡2.㉦3.㉠4.㉣5.㉢6.㉩7.㉤8.㉥9.㉨10.㉧

50. 1.㉩2.㉡3.㉢4.㉣5.㉧6.㉨7.㉥8.㉤9.㉦10.㉠

51. 1.㉡2.㉢3.㉠4.㉥5.㉣6.㉤7.㉨8.㉩9.㉧10.㉦

52. 1.㉧2.㉥3.㉨4.㉣5.㉠6.㉡7.㉩8.㉤9.㉢10.㉦

인물퀴즈/지명,물건찾기/순서대로/
숫자찾기/단어찾기/빈칸채우기/줄긋기

맞다, 맞아! 성경말씀

1판 인쇄일, 2020년 7월 15일
1쇄 발행일, 2020년 7월 22일

지은이_ 정춘석
펴낸이_ 한치호
펴낸곳_ 종려가지
등 록_ 제311-2014000013호(2014. 3. 21)
주 소_ 서울특별시 은평구 은평로 14길 9-5
전 화_ 02. 359. 9657
디자인 표지 이순옥/ 내지 구본일
제작대행 세줄기획(02.2265.3749)
영업(총판) 일오삼
전 화_ 02. 964.6993 팩스 2208.0153

값 13,000 원

ISBN 979-11-87200-99-4 03230

이 도서의 국립중앙도서관 출판예정도서목록(CIP)은 서지정보유통지원시스템 홈페이지(http://seoji.nl.go.kr)와 국가자료종합목록 구축시스템(http://kolis-net.nl.go.kr)에서 이용하실 수 있습니다.(CIP제어번호 : CIP2020027225)